Franz Fühmann

Das Ohr des Dionysios

Franz Fühmann

Das Ohr des Dionysios

Nachgelassene Erzählungen

Hinstorff Verlag Rostock

Herausgegeben von Ingrid Prignitz
Steingravuren von Werner Schinko

ISBN 3-356-00187-6

Der Essay »Meine Bibel; Erfahrungen«
erscheint mit freundlicher Genehmigung des Verlages Philipp Reclam jun.
(aus: RUB 1012 - Brendler/Endermann/Kratzsch/Fühmann.
Zu Martin Luther: Biblia. Leipzig 1983)
2. Auflage 1988. Lizenz-Nr. 391/240/42/88
Printed in the German Democratic Republic
Schutzumschlag und Einband: Werner Schinko
Fotos: Bernd Scholze
Herstellung: BS »Rudi Arndt«, Berlin 4980
Bestell-Nr. 522 760 4

01000

Inhalt

Erzvater und Satan

Für Erich Arendt

Abraham, Erzvater und Gebieter über tausend Kamele, Knechte und Weiber, empfing im Traum einen Befehl, seinen einzigen Sohn, den schönen, schwarzlockigen Isaak, zur größeren Ehre des Wesens, das er als das oberste ansah und Gott den Herrn nannte, zu schlachten. Wissend, daß dieser Gott, um die Seinen zu erproben, derlei öfters zu befehlen beliebte, und darum unbedingten Gehorsam gewohnt, rüttelte er den Knaben aus dem Schlaf und versprach ihm eine Wanderung nach einem wunderbaren Berg, der auch jetzt schon, mitten im Winter, von Blütenschnee überquelle. Isaak war gähnend bereit. Sein Vater steckte, wie bei solchen Wüstengängen üblich, einen Kälberstrick und ein Schlachtmesser aus Stein unter den ledernen Hüftriemen seines Burnus. Isaak sah es ohne Erstaunen, wenngleich ihn auch ein unbegreifliches Grauen anfiel, dessen er sich aber sofort als eines schändlichen Mißtrauens schämte.

Sie wanderten. Der Morgen warf weite violette Schatten, und unter seinen weißen Geierflügeln sirrten die Dünen.

»Ist der Berg wirklich so schön, wie du mir vorgeschwärmt hast, Vater?« fragte Isaak nach vier Stunden Stapfens durch Sand und Salz.

»Er ist schöner, als Menschenworte ihn je beschreiben könnten, mein Söhnchen«, erwiderte Abraham und fühlte entsetzt, daß seine Stimme bebte.

Der nahende Morgen berauschte Isaak. »Wenn dieser Berg so schön ist und mitten im Winter von Blütenschnee überquillt, warum hast du mich noch nie dahin geführt, Vater?« fragte er gegen alle Ehrfurcht und Sitte.

Diese Frage verdroß Abraham, und er kaute die Spitzen seines schütteren Bartes. Schließlich erwiderte er: »Du bist erst heute reif dazu, diesen Berg zu betreten, denn er ist heilig dem Herrn, und nur Mündige dürfen ihm nahen.«

Da er dies sagte, mußte er daran denken, daß Isaak vor kurzem vierzehn Jahre geworden war, und seine Zähne ließen die Bartspitzen fahren und bissen die Lippenwinkel blutig. Isaak sah es, und es schauderte ihn. Dies wiederum fühlte Abraham, und er ballte seine tief im Burnus vergrabenen Fäuste. Isaak dachte: Erzvater hat offenbar Fürchterliches mit mir im Sinn, doch wenn es not tut, werde ich nach Morija zu den heidnischen Stämmen fliehen!

Sie wanderten. Abraham löste mühsam die heimlich geballten Fäuste und seufzte tief. Da ahnte Isaak, daß sein Vater einen Auftrag des Herrn erhalten haben mußte. Er wurde von Mitleid überwältigt und sprach schnell und aus gläubigem Herzen: »Wenn du mich für würdig erachtest, Vater, werde ich dir folgen, wohin du auch willst!«

Diese Antwort war Gott, und sie war dem Erzvater ein Wohlgefallen. Jedoch der Satan, dem es noch aus seiner einstigen Engelszeit verliehen ist, jede Rede auf dem Erdenrund zu hören und alle Zweifler an Gottes Güte und Gerechtigkeit zu versuchen —: der Satan fuhr in der Gestalt eines pilgernden Greises aus dem Schwefelbrodem und Torffeuer der Hölle zur Erde auf, trat, Tropfen im Barthaar, als habe er sich gerade an einem nahen Wasserloch gelabt, den Wanderern in den Weg, beugte sich vor Abraham bis zum Boden und sprach: »Erzvater, Strahlender und Glänzender, Gebieter über tausend Kamele, Knechte und Weiber, sag, bist du des Weges verlustig geworden? Du folgst einer Richtung, die nur wüstenwärts führt. Oder reisest du etwa zu den heidnischen Stämmen nach Morija, die alle dem Herren ein Greuel sind?«

»Ich gehe den Weg, den ich gehe«, erwiderte Abraham mürrisch.

Sie wanderten schweigend. Der Satan hinkte.

»Und wohin führst du deinen schönen schwarzgelockten Sohn«, fragte er plötzlich, »nach Morija oder zu dem rostroten Stein?«

Abraham bezwang seinen Zorn. Er war der Erzvater und hätte das Recht gehabt, den Frechling für diese unverschämte Frage zu züchtigen. Da er aber im Dienste des Allgütigen stand, zerblies er die Unmutswolken, die sich in seiner Seele sammelten, und sprach gelassen: »Ich führe meinen Sohn Isaak auf den Berg, der mitten im Winter von Blütenschnee überquillt!«

Isaak sah auf. Die Sonne brach mit Getöse durch den sandfarbnen Horizont.

»Es gibt hier hundert Stunden im Umkreis nur einen Hügel, und der starrt von Steinen, und auf seinem runden Gipfel liegt eine rostrote Platte, doch das weißt du ja selbst«, entgegnete der Satan und zeigte in das tosende, seinen ersten Entzünder grüßende Licht, in dem sich winzig schwarz eine Erdfalte bäumte.

Da begann Abraham den Verführer zu erkennen. »Hebe dich hinweg, böser Feind, abtrünniger Engel und Bringer des gleißenden, sinnenverwirrenden Lichtes!« rief er leise, denn er fürchtete, sein Sohn Isaak könne Verdacht schöpfen und aus seiner Auserwähltheit – denn nichts anderes war ja seine Bestimmung zum Opfertod – zu den Heiden hinter dem Hügel fliehen, die alle dem Herren ein einziger stinkender Greuel sind.

»Erzvater«, flüsterte der Satan mit solch leiser Stimme, daß Isaak nur einen Hauch im Windsirren hörte, »Erzvater, ich weiß, daß du deinen Sohn zur Schlachtbank führest wie zehn Väter vor dir, um Den da oben durch das Opfer des liebsten Besitzes zu erfreuen. Man nennt dich den Weisesten unter den Weisen und den Kundigsten im Rate – belehre darum deinen Knecht aus der Fülle deines vielhundertjährigen Wissens: Ist es gerecht, daß ein Oberer solch eine Untat von einem Vater verlangt?«

O wie plump, wie tölpelhaft, wie stinkend nach Torffeuer war dies gesprochen, und Abraham erbleichte auch vor Empörung ob solcher Lästerei. »Gott ist Gott und Gott ist der Herr und sein Name sei gepriesen in Ewigkeit«, erwiderte er mit fester Stimme, »wie stünde es mir an, den Ratschluß des Allmächtigen überprüfen und in meiner Knechtseligkeit bekritteln zu wollen!«

Da er dies, das Gewohnte, das oftmals Gesagte und fest Erprobte aussprach, begriff er sein Schwanken zur Morgenfrühe nicht mehr.

»Er ist *nicht* allmächtig, das weiß ich«, erwiderte der Satan, »ich habe mit ihm gekämpft und kenne die Stelle, da er verwundbar ist. Hätte ich nur mehr Mitstreiter gehabt, ich wäre durch die Phalanx der Michaeliten gebrochen und hätte den bebenden urbösen Greis vom Throne gestoßen!«

Abraham blickte nieder, ob sich der Boden nicht öffne, den Versucher zu verschlingen, aber nichts bewegte sich als im Wind der sausende Sand. Da faßte Abraham Isaak um die Schulter und schritt schneller aus. Des Satans Augen füllten sich ob Abrahams Standfestigkeit mit fahler Glut. »Er ist nicht allmächtig, der Oberste!« schrie er, so wie nur einer schreit, der seine letzten Widerworte versagen und versiegen spürt. Abrahams Burnus flatterte. »Ich habe ihn zittern gesehen!« brüllte der böse Feind in ohnmächtigem Haß, und durch seine mürbgelbe Haut schimmerte das alljährlich absterbende Zellenkleid der Schlange, die eine zweigespaltene Zunge in ihrem Geifermaul birgt.

»Allmächtig oder nicht, er hat es mir geboten!« sprach Abraham im Eilen, »er ist der Herr und ich bin sein Knecht!« Da er dies sagte, zupfte er Werg aus seinem Burnus und verstopfte damit seine Ohren.

Die drei traten in den dünnen, sich jäh verkürzenden Schatten des Hügels. Der Satan redete fort, doch Abraham hörte ihn nicht. Da endlich begriff der abtrünnige Engel, daß er den Edel- und Opfermut des Patriarchen nicht werde brechen können.

Der Pfad begann allmählich anzusteigen, und Abraham faltete seine Hände und wiegte betend im Gehen seinen Oberkörper wie eine Zeder im Sturm, der ihre Beugsamkeit prüft. Der Satan aber löste sich in der schon hitzewallenden Luft auf und kam, aus einem Granitwall springend, sofort als junger Jäger wieder. »Wohin gehst du mit deinem ehrwürdigen Vater, guter Kamerad«, so redete er Isaak an, »verlangt es dich, die heidnischen Stämme des Landes Morija zu schauen?«

Abraham betete laut, und Isaak senkte seinen Blick vor dem Versucher.

»Sie sind schöne Menschen, Jünglinge wie Mädchen, und sie gehen aufrecht und blicken einander frei und ohne Argwohn in die Augen«, redete der Satan.

»Dennoch sind sie dem Herren ein Greuel«, erwiderte Isaak.

»Höre, lieber Kamerad«, so sprach der Satan, »wenn du nicht ins Land Morija ziehst, so kann dich dein Vater nur auf diesen Hügel hier führen, der von Steinen strotzt und auf dessen Gipfel eine Platte liegt, einer Schlachtbank gleich.«

»Ich weiß es, Satan«, sagte Isaak und lächelte.

Diese Worte packten Abrahams Herz und preßten es wie Mühlsteine das Korn. »Laß uns umkehren, Lieber«, keuchte er.

»Aber nein, Vater, Väterchen, Erzvater und Gebieter«, erwiderte der schwarzgelockte Isaak fröhlich, »du hast mich begnadet, unserem herrlichen Gott als Opfer zu dienen – wie könnte ich da der Stimme des Urbösen Folge leisten? Womit habe ich es verdient, daß du derart an meinem Gehorsam zweifelst und mich so schnöde versuchst? Siehe, *du* mußtest dir die Ohren mit Werg verstopfen und hältst dies Büschel, nachdem du es, mich zu hören, entfernt hast, noch immer zum Ertauben bereit in der Hand – bei mir aber drang die Stimme des Verführers nur ins Ohr, doch von da aus nicht weiter ins Herz!«

Da weinte Abraham.

Den Satan aber verzehrte der Zorn ob solch überwältigender Botmäßigkeit. Er begann mitten im Vormittagslicht zu lodern; schwarz, eine schwarze, um den eigenen Docht des Rückgrats sich derwischhaft drehende Flamme, verließ er die beiden, und so, als zischendes schwarzes Feuer, fuhr er zu

Abrahams Haus im Ölbaumhain hinter Hebron, warf sich, die Gestalt eines Eselstreibers annehmend, vor die Torschwelle und jammerte laut. »Helft, helft, helft, ihr Knechte und ihr Mägde und Weiber, hilf, edle hochmächtige Frau Sara, du Auserwählte auf dem Lager unsres Gebieters!« so schrie er, »kommt, helft, schnallt die Sättel auf die Rücken der Kamele, füllt die Schläuche mit Wasser und die Reisetaschen mit weißen Fladen und sprengt durch die Wüste hin zum Hügel vor der Heidenstadt Morija! Unser Erzvater ist von Wahnsinn geschlagen: Er schleppt seinen einzigen Sohn Isaak auf die rostrote Steinplatte, ihn zu schlachten – beeilt euch, kommt, eilt und helft, helft, helft und helft!«

So barmte der Satan, und das Volk strömte zusammen und schnallte die Sättel auf die Rücken der Kamele und füllte die Schläuche voll Wasser und schichtete weiße Mehlfladen in die Reisetaschen, doch Sara, die Hundertjährige, des Erzvaters Erstes Weib und Gebärerin Isaaks, scheuchte sie mit einem riesigen Armschwung der Empörung zurück. »Wahnwitzige«, sprach sie, »was tut ihr da? Wie könnt ihr euch vermessen, Erzvaters Rat und Tat zu durchkreuzen? Sein Wille ist Gesetz, sein Wort Gebot, seine Tat Recht – was erfrecht ihr euch, ihm zuwiderzuhandeln?«

»Aber Erzväterchen hat doch der Irrsinn geschlagen!« wagte der Großknecht der Kameltreiber zu erwidern, »da er nachts fortgezogen ist, seinen einzigen Sohn, unsern vielgeliebten schwarzgelockten Isaak zu schlachten!«

Dies hatte der Satan dem Großknecht ins Ohr geblasen, allein Sara, von Gott aufs herrlichste gekräftigt, widerstand. »Erzvater bleibt Erzvater in jeder Gestalt und in jeder Verfassung seines Gemütes«, entgegnete sie streng, da Strenge geboten war, und hieb dem Großknecht mit der Faust übers Maul. »Erzvater ist der Herr«, belehrte sie ihn, »und was der Herr tut, ist wohlgetan und steht jenseits unseres beschränkten, kleinsichtigen Wissens und Wollens! Also sattelt ab die Kamele, tragt die Fladen aus Weizenmehl wieder in die Vorratskammer und schüttet das Wasser aus den Schläuchen in die Zisterne zurück! Erzvater ist über uns, so wie Gott der Herr über ihm ist!« Derart redete die gehorsame und also höchst weise Sara, indes das Messer des Leids knirschend ihr Herz zerschnitt.

Da sattelten die Knechte die Kamele ab, stapelten die Fladen aus weißem Weizenmehl wieder in die Vorratskammer und schütteten das Wasser aus den Schläuchen in die Zisterne zurück. Um diese Zeit stieg Abraham, von Isaak gestützt, denn der Erzvater war trotz seiner dreihundert Jahre schon gebrechlich, den Hügel hinauf, der von Steinen strotzte.

»Siehst du die Blüten überquellen über die Schründe und Schluchten des Bergs, lieber Sohn?« fragte Abraham keuchend.

»Da ich dein Wort vernehme, sehe ich sie«, antwortete Isaak.

»Dann will ich dich mit der schönsten Blüte bedecken, auf daß dein Leib duftend werde und eine Freude dem Herrn«, hauchte Abraham. Da er dies sprach, versagte seine Lunge, und er wäre hingestürzt, hätte Isaak nicht gewagt, ihn um die Hüften zu fassen und weiterzuführen.

Langsam erklommen sie den Gipfel. »Kennst du die schönste Blüte auf dieser Welt, mein Kind?« keuchte Abraham.

»Du hast es mich oft gelehrt, Väterchen«, entgegnete Isaak, »es ist der Gehorsam! – Der blinde Gehorsam«, ergänzte er. Dann schlug er sich plötzlich mit der flachen Hand gegen die Stirn und sprach: »Den Blütenschnee mitten im Winter –: Väterchen, nun sehe ich ihn!«

Sie standen auf der runden Kuppe des Hügels. Vor ihnen lag eine rostrote Platte aus Stein; hinter dem Hügel aber schimmerte in der vollen Sonne Morija, die weißgezinnte Stadt der heidnischen Stämme, die alle dem Herren ein stinkender Greuel sind.

»Ich bin müde, Väterchen«, sagte Isaak, »ich will mich auf dieser Platte hier etwas ausruhen!«

Da heulte es in Abrahams Herz, so wie Hunde heulen. Wie er mir die Mühe erspart, dachte er, der liebe, der gute, der einzige Sohn! Wie verständnisvoll er ist! Ach, ich mag's nicht mehr ansehn!

Dies war so schrill gedacht, daß der Satan es hörte. Er blies, während Isaak sich auf die Steinplatte legte und, nachdem er den Burnus abgestreift hatte, dem Vater die Hände hinhielt, auf daß er sie mit dem Kälberstrick binde, den Leib mit höllischem Dampf, Schwefel, Rauch und Torffeuer dermaßen voll, daß er für ein paar Minuten leuchtend war wie der Herr in seinem Glanze, und flog, ein lohendes Blendwerk, über die sanfte Rundung des Hügels, der sich vor dem heidnischen Land Morija erhebt, und sah auf der rostroten Platte den weißen Leib eines schwarzlockigen Knaben und davor einen mühsam atmenden alten Mann mit einem Messer aus Stein in der zitternd erhobenen Rechten.

»Halt ein, Abraham, du mein treuester Knecht!« schrie der Satan, und sein leuchtender Körper machte auch seine Stimme schallen wie die des Herrn. »Halt ein!« so rief er, »du hast deine Prüfung herrlich bestanden und bist auserwählt unter den Menschenkindern und mir der Liebste derer, die je auf Erden gewandelt sind!« Da ließ Abraham, der Erzvater, das Schlachtmesser fallen, und Tränen stürzten aus seinen Augen, und er warf sich vor der Steinplatte nieder und küßte seinen Sohn Isaak, und auch Isaak, ungläubig zuerst, dann erschauernd und schließlich lallend und in wachsendem Fieber fröstelnd, wälzte sich von der Platte herunter und fiel in Abrahams Schoß und blieb dort liegen und fühlte, als sei er auferstanden von den Toten, und das war er ja auch, die Wärme eines menschlichen Körpers, und er zitterte und lallte und fieberte und fror. Der Oberste aber schüttelte voll Wut betrogen die Fäuste und blies den Satan, der ob seines Frevelwerks jauchzend durch die Wüste segelte, mit einem einzigen Schnauben in den Schwefelgestank und das Torffeuer der Hölle zurück. Dem Abraham und dem Isaak jedoch konnte er nichts mehr antun. Denn auch der Allmächtige ist nicht allmächtig und hat seine Stelle, da er verwundbar ist. Jedoch genug davon.

»Gelobt sei Gott der Herr«, sprach Abraham, da er Isaaks Handfesseln löste, »er hat uns den Versucher – verflucht sei sein Name und sein Bild – gesandt, um unseren Gehorsam zu prüfen, und er hat uns gleichzeitig die Kraft gegeben, den Bösen zu überwinden! Wie ist er doch gnädig und gut! Erst jetzt begreife ich's ganz: Seine Gnade, sie ist der Blütenschnee, von dem der Hügel auch im Winter überquillt und zum himmelragenden Berg wird!«

So sprach Abraham und preßte seinen so wunderbar geretteten Sohn an die Brust.

Sie stiegen hinab.

»Und du hättest es getan, Vater?« flüsterte der Sohn nach vier Stunden Stapfens durch Sand und Salz.

Der Erzvater bewegte undeutlich das Kinn und blieb stumm. Isaak aber blickte noch einmal nach dem Hügel zurück, und da war ihm, als sähe er die Zinnen Morijas glänzen.

»Gott sei bedankt«, sagte Abraham, »er hat es herrlich gewendet! Keiner ist ihm gleich, dies zeigt unser Erlebnis. Wir wollen, daß es von einem Geschlecht zum andern getragen werde bis in die fernste Zeit!«

Vater und Sohn wanderten durch die flirrende Wüste. Der Wind schwieg, und die Sonne lohte ohne Tosen. An einem Wasserloch rasteten sie.

»Wie wird sich Sara freuen«, sagte Abraham, »wenn wir heil zurückkehren. Sicher hat sie sich geängstigt. Frauen sind oftmals sonderbar.«

Aber Sara, das wußten sie noch nicht, konnte sich nicht mehr freuen. Sie hatte sich nach der Beschwichtigung des hilfsbereiten Volkes – und was anderes hätte die Gottesfürchtige auch tun können – vor Gram ob des Tods ihres einzigen, mit neunzig Jahren von ihr empfangenen und ausgetragenen Sohnes aus dem Leben genommen, und da sie solches Weggehen als heimlichen Ungehorsam vor dem Höchsten, ja als verdeckten Aufruhr und also als äußerst schändlich empfand, hatte sie es nach der Art getan, wie Sklaven dazu gezwungen und wie Opfer dargebracht werden: ein Messer aus

Stein bis ans hölzerne Heft in die Scham eingehauen und dann den Leib aufgeschlitzt bis zu jener Höhle, darin das unbotmäßige Herz hockt.

(1968)

Der Mund des Propheten

Der König des Nordreichs hieß Achab. – Die Welt war das Nordreich und das Südreich. – König Achab begehrte drei Dinge und wußte nicht, wie er sie erwürbe: den Weinberg in der Hauptstadt, der noch nicht sein war; den Thron des Südreichs, und den Mund des Propheten.

Zur Zeit Achabs, und vor ihr wie nach ihr, gab es nicht nur einen Propheten auf Erden, und sie trugen auch unterschiedliche Namen, aber wenn es Propheten sind, sind sie immer der Mund der Wahrheit, und also sind sie immer nur Einer. – Wir nennen ihn Micha. – Man kennt drei Propheten, die Micha hießen; der eine war als Zeder, der zweite als Dornstrauch, der dritte als schmaler Schatten gewachsen, und dennoch sind sie eine Person; man kann sie auch Elias oder Jesaia nennen. Auch die falschen Propheten sind immer nur Einer, der Mund der Lüge; die freilich redet in tausend Zungen, da die Wahrheit nur eine Zunge hat.

Das Weib, das Achab freite, hieß Jezebel.

Eines Tages, als der König am Fenster seines Palastes stand und auf den nahen Weinberg schaute, den einzigen in der Stadt, der ihm nicht gehörte, trat Jezebel an den König heran. Sie sagte: »Du sitzest auf einem Thron, der umringt ist von tausend mal tausend mal tausend Soldaten, was sinnst du so lang? Ihrer hundert genügen, ja ihrer zwei, um den Weinberg Naboths zu deinem zu machen. Warum schickst du sie nicht aus?«

»Ich fürchte nicht Naboth«, entgegnete der König. »Ich fürchte des Propheten Wort. Er steht wie ein Wärter vor dem Weinberg, und aus seinem Mund fahren tötende Schwerter. Er hat mir das böseste Los angedroht, falls meine Soldaten den Alten verjagen, den man ringsum den Gerechten nennt.«

»Was für ein Los?« fragte Jezebel.

»Ich will es nicht aussprechen«, sagte der König.

»Dann werden es nicht Soldaten sein.«

Am nächsten Morgen lud Jezebel ihren Nachbarn zu einem Mahl. Der König habe, so sprach ihr Bote, vernommen, Naboth sei einer jener Gerechten, die ungewürdigt im Lande wirkten, und es sei des Herrschers Wille, solchen Männern sein Ohr zu leihen.

Zugleich lud Jezebel die Propheten des Königs, das sind jene, deren Reden so wohllautend sind, daß die Mächtigen ihnen zufrieden lauschen. Sie werden darum auch hoch geehrt; sie schreiten in seidenen Gewändern, und den Propheten des Königs Achab war erlaubt, einen goldenen Stern im Haar zu tragen, da Gold die Farbe des Nordreichs war.

Als Naboth an der Tafel saß und die Königin ihren Becher hob, auf das Wohl der Gerechten im Lande zu trinken, sprang einer von diesen Propheten auf und schrie aus geblähter Kehle: »Königin, was tut Ihr da? Wie könnt Ihr aufs Wohl der Gerechten trinken, da solch ein Mann an der Tafel sitzt?«

Und er wies mit dem Finger auf Naboth: »Dieser Mann da ist kein Gerechter; er ist ein Feind des Himmels und ein Hasser des Königs.« – Da sagte Naboth: »Was redest du? Nie wäre ich solcher Frevel fähig!« – Aber sein Widersacher schrie: »Haben nicht meine eigenen Ohren dich auf deinem Weinberg lästern gehört? Haben nicht meine eigenen Augen gesehen, wie du deine Fäuste geballt und gegen des Königs Palast geschleudert? Hat nicht meine eigene Nase all den Unflat gerochen, den dein stinkendes Maul wider den Herrscher gespien? Schmeckt mir dein Atem nicht faul auf der Zunge? Schwärt mir deine Nähe nicht Eiter ins Fleisch?«

Da ließ die Königin ihren Becher sinken. – Naboth sagte: »Aus ihm redet die Tollheit!« – »Es sind schwere Beschuldigungen«, sprach König Achab.

Da sank Naboth auf seinen Sessel zurück.

»Die Wahrheit braucht Zeugen! Redet, ihr Männer«, schrie jener, der Naboth angeklagt, und da stand ein andrer dieser

Propheten auf und sagte, auch er habe Naboth lästern gehört und seine geballten Fäuste gesehen. – Da rief Naboth: »Das ist gelogen!« – Da sprang die Königin auf und sagte: »Die hier sprechen, sind ehrenwerte Männer, die Räte und Propheten des Königs. Sie tragen den goldenen Stern im Haar, vor dem das Volk die Knie beugt. Willst du sie alle der Tollheit zeihen? Willst du sagen, daß der König auf Lügner höre?«

Da rief Naboth: »Wehe mir!« Und er sprach leise: »Ich bin verloren. Was ich auch antworte, zeugt gegen mich, das Ja genauso wie das Nein.«

Da runzelte Achab die Stirn. Königin Jezebel aber sagte: »Nicht länger sitze ich mit Diesem an einem Tisch!«

Sie sprang auf und ging hinaus. Naboth wollte zu seinem Weinberg fliehen, doch die Propheten des Königs schnitten ihm den Weg ab und trieben ihn auf das Distelfeld, wo die Frevler gesteinigt werden. – Sein Ankläger hob den ersten Stein. – Naboth wollte noch schreien, daß er unschuldig sei, doch schon der erste Stein zerschlug seinen Mund.

»Siehe, so einfach ist das für den König«, sagte Jezebel, da sie mit Achab zum Weinberg ging, der einst des Naboth war und nun dem König gehörte, nach des Nordreichs Gesetz und Recht. Sie gingen allein, König und Königin, und es war nicht einmal ein Wächter mit ihnen, und es gab keinen Weinberg mehr in der Hauptstadt des Nordreichs, der nicht des Königs Eigentum war.

Jedoch vor dem Weinberg stand der Prophet, und da der König ihn erblickte, hörte er das Krachen von Steinen auf Schädel und Schultern und wollte in den Palast zurück. Da faßte Jezebel Achabs Hand und zog ihn dem Propheten entgegen. Der aber redete zum König: »Das Blut Naboths komme über dich! Du wußtest, daß er unschuldig war.«

Da sagte der König: »Du böser Mann, was trittst du mir immer in den Weg? Hast du schon wieder darauf gewartet, mir meinen schönsten Tag zu vergällen? Noch nie hast du freundlich zu mir gesprochen. Dein Mund kennt nur üble Worte an mich.«

»Das ist, weil du Übles tust«, sprach der Prophet.

Achab biß sich auf die Lippen, allein Jezebel sagte: »Der König hat das Zeugnis seiner Räte gehört. Es sind ehrenwerte Männer. Sie haben Naboth angeklagt, und Naboth hat ihr Wort nicht entkräftet.«

Da sagte der Prophet: »Wenn die Lüge aus tausend Mäulern schreit, schweigt die Wahrheit aus einem Mund.« — Da sagte die Königin Jezebel: »Ein stummer Mund hat nicht Wahrheit noch Lüge.« — Da reckte sich der Prophet und sprach: »So will ich für den Verstummten sprechen!«

Er blickte den Herrscher an und sprach: »Wahrlich, ich sage dir, König Achab, an der Stelle, da du Naboths Weinberg betrittst, werden einst die Hunde dein Blut lecken!«

Da schauerte Achab zurück. Jezebel ließ des Königs Hand fahren und betrat Naboths Weinberg. Sie brach eine Traube und aß und fragte: »Und was wird mit mir geschehen? Werden die Hunde auch mein Blut lecken?«

»Sie werden dein Fleisch fressen!« sprach der Prophet.

Da sagte Jezebel: »Dies Wort wird dich reuen!« Sie warf die Traube zu Boden und trat sie mit Füßen. Auch Achab sagte: »Ich warne dich. Nicht länger mehr wirst du so boshaft reden!« Dann schritt er durch die offene Pforte in Naboths Weinberg und stieg zu Jezebel hügelan, und sah die Sonne in den Trauben kochen und freute sich seines Eigentums. Dann aber ging er aufs Distelfeld und begrub Naboth mit eigenen Händen.

Dieweil der König Naboth begrub, gab Jezebel den Soldaten einen Befehl, und sie fügte hinzu: »Im Namen des Königs!« — Als Achab in den Palast zurückkam, sagte sie: »Der Weinberg ist dein. Nun gewinne das Südreich.«

Da rief Achab die Obersten seines Heeres, und dazu auch seine Propheten zusammen, daß sie ihm die Zukunft zeigten. Ihre Sterne wogten um seinen Thron. Sie sprachen: »Du bist der Stärkere. Du besitzest den Bogen der sieben Zedern. Ist der König des Südreichs einmal stärker als du, wird er nicht zögern, dein Reich zu vernichten. Komme du ihm also zuvor.«

»Ich habe keinen Anlaß«, sagte Achab.

»Er zieht Truppen an unseren Grenzen zusammen«, erwiderte die Königin.

Achab wollte fragen, woher sie das wisse, da betrat der Prophet den Palast, der statt des goldenen Sterns im Haar ein unsichtbares Sigel trägt.

Als Achab ihn erblickte, rief er ihm zu: »Scheust du dich nicht, du böser Mann, mich sogar in meinem Haus heimzusuchen? Bist du gekommen, mein Blut zu fordern? Finde ich nirgends vor dir Frieden?«

»Dein Frieden bist du«, sprach der Prophet.

Da murrte Königin Jezebel.

»Das sind billige Sprüche«, sagte sie. »Der König wird nicht in Frieden leben, wenn der Widersacher ihn überfällt. Die Truppen des Südreichs bedrohn unsre Grenze.«

»Ich sah keinen Boten aus dem Süden, der solche Nachricht gemeldet hätte«, entgegnete ihr der Prophet. – Da zuckte Jezebel die Schultern. – Der Prophet aber blickte um sich und sagte: »Hier stehen die Obersten des Heeres. Es ist der König des Nordreichs, der Kriegsrat hält. Heute gehört ihm ein Weinberg, der noch gestern nicht sein war. Will er, daß ihm morgen ein Reich gehöre, das heute noch nicht sein eigen ist?«

Da dachte die Königin Jezebel, daß sie den Verhaßten nun fange und daß er sich mit solchen Worten ins eigene Verderben rede, und so nickte sie ihm denn zu und sprach: »Du scheinst um des Königs Schicksal besorgt. Zwar bist du nicht vor den Thron geladen, allein da du nun einmal hier stehst, sage auch du uns die Zukunft an.«

Da schrie der König: »Das soll er nicht tun! Aus diesem Mund wird nichts Gutes kommen!« – Da reckte sich der Prophet und sagte: »So finde ich andere Worte für dich.«

Da er sich reckte, war es allen, als werde es dunkler im Palast und die Dunkelheit sende ein schwarzer Stern aus, den der Prophet im Haare trage, und als der Prophet den Mund auftat, war es, als entquelle ihm Finsternis.

»So höre denn, König«, sprach der Prophet, und sein Wort klang düster wie das Rufen der Raben. Es war Mittag, die

Sonne strahlte am Himmel, doch die im Palast unterm offenen Dach sahn sie wie eine trübe Scheibe, die hinter den steigenden Nebeln zieht.

Der Prophet aber fuhr zu reden fort, und seine Worte hallten wie Geiergeschrei: »Wenn König Achab ins Südreich einfällt, wird Siegesjubel um ihn schallen, und dann wird ein einziger Thron die beiden Reiche des Erdballs beherrschen!«

Dies wird mein Thron sein, dachte Achab, und er sah den Propheten an und sah, daß Finsternis von ihm strahlte, und er sah die goldenen Sterne nicht mehr und nicht die Obersten seines Heeres, und auf dem offenen Saal lag die Nacht. Da schrie er: »Ein böser Geist spricht aus dir! Du legst falsches Zeugnis ab vor dem König!«

Da sprach der Prophet: »Du weißt es also. Warum versuchst du meinen Mund? Wahrlich, ich sage dir, König Achab, wenn du das Schwert ergreifst, wird ein Schwert dich zerhauen, und wenn du die Lanze schwingst, wird dich eine Lanze durchstoßen!«

Da dachte Königin Jezebel: Vom Bogen der sieben Zedern hat er nicht gesprochen. Er kennt ihn nicht. Er macht uns nur Angst mit seinen höllischen Zaubereien.

Da ward es jählings wieder hell im Palast. Die Sterne der Propheten strahlten gleich Sonnen, und ihr Glanz umfloß des Königs Haupt.

Da sandte Jezebel nach dem Henker.

König Achab aber fuhr vom Thron auf und sagte: »Ich habe deine Reden satt und weiß auch, wie sie zuschanden werden. Aus deinem Maul kommt nichts denn Lüge! Hast du mir nicht angedroht, daß die Hunde mein Blut lecken werden, wenn ich Naboths Weinberg betrete? Nun, so wisse: Der Weinberg ist mein, und es gibt keine Hunde mehr im Nordreich.«

Da wiegte sich Königin Jezebel, denn sie hatte den Befehl gegeben, alle Hunde im Nordreich zu töten, und jener, der Naboth angeklagt, beschuldigte nun auch den Propheten, er spräche falsch vor des Königs Thron und verdiene darum gesteinigt zu werden. Der Prophet gab zurück, aus seinem Mund

komme nichts Falsches, da höhnten ihn die mit dem goldenen Stern, er habe dem König zuerst den Sieg und dann das Verderben aus der Zukunft gelesen, und welches denn nun die Wahrheit sei. – Da schwieg der Prophet, und dann lachte er. – Vor diesem Lachen erschraken alle, doch noch da er lachte, erschien der Henker. – Er zückte sein Schwert; Achab aber sagte: »Warte noch. Ich werde sein Schicksal an meines binden. Auch er soll für mich die Himmel anflehn. Sein Heim wird vorerst der Kerker sein. Kehre ich siegreich aus dem Feldzug zurück, so mag er wieder als freier Mann seines Hauses Schwelle hüten. Kehre ich nicht als Sieger zurück, wird er sterben.«

Da nickte die Königin Jezebel, und der König fügte für sich hinzu: So gewinne ich des Propheten Mund!

Der Prophet aber stand vor dem Thron und schwieg, und das Sonnenlicht flutete durch den Thronsaal, und der Henker packte den Propheten und wies ihm den Kerker als Wohnung zu.

König Achab zog in den Krieg. Seine Truppen fielen ins Südreich ein. Der König zog nicht an ihrer Spitze. Er folgte dem Rat der Königin und ging als Bogenschütze im Heer, ohne Federnkrone und Purpurstandarten, bekleidet nur mit dem ledernen Wams und den Lederschuhen der Bogenschützen, und umringt von einer Schar Auserwählter, die ihn mit ihren Leibern deckten. So glaubte Achab sich in Sicherheit. Er führte den Bogen aus sieben Zedern, dessen Schaft war aus sieben Holzen gedreht, und er wurde mit einer Winde gespannt, deren Bau ein Geheimnis des Nordreichs war. Dieser Bogen schnellte den Pfeil einen Klafter weiter als jeder andere Bogen, und er hatte nicht seinesgleichen. Von ihm erhoffte Achab sich den Sieg.

Der König des Südreichs hatte befohlen, alle Waffen gegen den König des Nordreichs zu richten, und er wähnte ihn als den Mann, der die Krone aus Reiherfedern hinter der Phalanx der Purpurstandarten trage. Doch ein solcher Kämpfer war nicht zu erspähn. Da spottete der König des Südreichs, was sich da im Staub des Nordens herwälze, sei eine Schar streunender Hunde, ohne Herrn und ohne Befehl. Da er so spottete, streifte ihn ein Pfeil, der war einen Klafter weiter geflogen als man wußte, daß Pfeile zu fliegen vermögen, und dann fuhr Pfeil um Pfeil in die Reihen des Südreichs, dessen Waffen aus dieser Ferne ohnmächtig waren.

Da bot das Südreich eine Schar auf, die rannte vor die Reihen der Lanzenträger und richtete hundert mal hundert Pfeile auf den Ort, woher jene kamen, die einen Klafter weiter als andere fliegen. Diese Schar erlag dem Schauer der Lanzen des Nordreichs, allein ihr folgte eine zweite, mit abermals hundert mal hundert Pfeilen, und von denen wurden all die getötet, die Achab mit ihren Leibern deckten, und die Kämpfer, welche die Winde bedienten, und dann fuhr dem Achab ein Pfeil ins Gekröse, an der rechten Hüfte, unter der Leber, und Blut und Galle quollen heraus.

Da fiel der Bogen nieder, und Achab wankte vom Schlachtfeld, und als sein Heer sah, was dem König geschehn war, wandte es sich verstört zur Flucht. Da lachte der König des Südreichs und sagte: »Es sind streunende Hunde. Hetzt sie mit Hunden!« So fielen mit den Soldaten des Südreichs auch die Hunde des Südreichs im Nordreich ein.

König Achab floh in seine Hauptstadt. Da ihm der Feind auf den Fersen war, fürchtete er, in seinem Palast entdeckt und niedergemacht zu werden. So schleppte er sich in den Weinberg, der einst Naboth gehörte und nun sein war. Die Pforte stand offen; die Trauben kochten; über die Schwelle schlug Achab hin. Er wollte in die Höhle kriechen, wo die Winzer Käse und Öl aufbewahren, und sich dort verborgen halten, doch die Hunde des Südreichs waren schneller und zerrissen ihn und leckten sein Blut.

Als die Feinde in den Palast eindrangen, befahl Jezebel, den Propheten zu töten. Dann legte sie ihr Schleiergewand an, in dem sie einst Achabs Gefallen gewonnen, nun den König des Südreichs zu empfangen und sein Gefallen zu gewinnen.

»Ich höre Hunde heulen«, sprach der Prophet, da der Henker mit dem Schwert zu ihm trat. »Es gab keine Hunde im Nordreich mehr. Also sind es die Hunde des Südreichs.«

»Sie werden dein Blut lecken«, sagte der Henker.

Der Prophet aber sprach: »Ich höre das Weheklagen der Greise und das Weinen der geschändeten Frauen. Ihre Beschützer sind gefallen. Was nützt es, wenn mein Kopf noch fällt?«

»Es ist so befohlen«, sagte der Henker. Und er wiegte sein Schwert und sah es blitzen und sagte: »Ich bin mit dem Schwert zu dir gekommen. Ein Schwert ist ein Schwert. Was soll ich sonst mit ihm tun als töten?«

Da antwortete ihm der Prophet: »Es war einst ein König, der hieß Achab, der begehrte des Propheten Mund und wußte nicht, daß er ihn immer hatte, als den Mund, der die Wahrheit sprach, doch der König wollte die Wahrheit nicht haben, und also nutzte er ihren Mund nicht, und also nützte ihm nicht ihr Mund. So ist es auch um dein Schwert bestellt.« — Da sprach der Henker: »Du willst mich verwirren. Ich verstehe kein Wort von dem, was du sagst. Ich habe einen Befehl, und dem werde ich folgen.«

Er hob das Schwert, den Propheten zu köpfen, da drangen Soldaten des Südreichs ein. Ihr Anführer sagte: »Der da nach seines Königs Tod noch das Schwert schwingt, ist töten wie gehorchen gewohnt. Er könnte uns von Nutzen sein.« Und er bot dem Henker an, in den Dienst des Südreichs zu treten.

»Und was wird mit dem da?« fragte der Henker und wies mit seinem Schwert auf den Mann an der Wand.

Der Anführer wollte fragen, wer dieser sei, da stürzte Jezebel in den Kerker. Ihr Gewand war zerfetzt, ihre Brüste blutig, und auch von ihrer Scham rann Blut. Hinter ihr johlte ein Troß heran, Lanzenträger aus der Leibwache des siegreichen Königs. »Schütze mich!« schrie Jezebel und warf sich dem Henker vor die Füße. — »Die da ist unser!« lärmten ihre Verfolger, und sie sagten, der König verschmähe dies Fleisch und habe es ihnen überlassen.

»Schütze mich!« flehte Jezebel.

»Ich diene dem König des Südreichs«, sagte der Henker. Da erblickte die Königin den Propheten.

»Nun denn, du böser Mann«, sagte sie, »so ist es gekommen, wie du es ersehnt hast. Jetzt koste deine Genugtuung aus!« – Der Prophet sprach: »Ich habe es nicht ersehnt. Ich habe das Kommende verkündet und habe es mit Furcht getan. Nun ist es gekommen und geschieht.«

»Also so einer bist du«, sagte jener, der den Henker in den Dienst des Südreichs gestellt. Und er verlangte einen Spruch, der sie alle die Zukunft schauen lasse.

Da lachten die Lanzenträger des Königs, ihre nächste Zukunft sei dies Stück Fleisch da, das genüge für einige Tage, und Weiteres wollten sie gar nicht wissen. Und sie schleiften Jezebel hinaus, und vergnügten sich einige Tage, und als sie unter ihnen nicht einmal mehr stöhnte, warfen sie das unnütze Fleisch auf die Straße, und die Hunde kamen und fraßen es.

Dieweil seine Leibwächter sich noch vergnügten, erfuhr der König des Südreichs von dem Propheten, der den Tod des Achab im Weinberg geweissagt, und er befahl diesen Mann vor sich. – Der König des Südreichs hatte drei Dinge begehrt: den Leib der Königin Jezebel, den Thron des Nordreichs, und den Mund eines Propheten. – Den Leib Jezebels hatte er verschmäht, da dieser Leib ihm zu Füßen gelegen, und dies Verschmähn war der köstlichste Besitz. Nun saß er auf dem Thron des Nordreichs und begehrte noch eines Propheten Mund, denn im Südreich wirkten damals noch keine Propheten. Später wirkten dort ihrer vierhundert, das waren die vertrautesten Räte des Königs, die trugen einen Stern aus Silber im Haar, denn Silber war die Farbe des Südreichs. Doch dies ist schon die Zeit, da das Westreich entstand, und dahin reicht unsre Erzählung nicht mehr.

Oder sie reicht doch bis dahin, und sei es nur im Blick des Propheten, denn als der vor dem König stand, sagte er: »Ich sehe ein neues Reich, hinter den Bergen, die noch keiner betreten, und dem Meer, das noch keiner befahren.« Da begann der König auch dieses Reich zu begehren, und da entgegnete der Prophet: »König, ich sehe zwei Berge wachsen, und sie wachsen beide an einem Ort, und es kann doch nur einer an einem Ort sein. Der eine Berg speit Schwerter aus und Klingen von Lanzen und von Pfeilen, die quellen wie Lava über die Lande und begraben Flur und Vieh und Mensch, und mit ihnen fährt Feuer um das Erdrund, und sein Atem bläst alles Leben aus. Auf dem anderen Berg brennen Schmiedefeuer, und die Völker strömen den Berg hinan und bringen ihre Schwerter und Lanzen, und die an den Schmiedefeuern sitzen, schmieden die Schwerter zu Pflugscharen um und die Lanzen zu Winzermessern!« — Da sagte der König: »Was soll mir dein Spruch? Es gibt keinen Berg, aus dem Klingen quellen. Willst du uns für Narren halten?« — Und der Anführer der Leibwächter sagte: »Er will, daß wir unsre Waffen ablegen und hinausgehn aufs Feld und Knechtsarbeit tun.« — »Er will uns den Sieg stehlen«, sagte der König, »aus ihm spricht das böse Maul des Achab!« Er gab dem Henker einen Wink, und der führte den Propheten in den Kerker zurück.

Da er das Schwert entblößte, sagte der Henker: »Was nützt nun dein Mund, du törichter Mann? Wem nützt deine Wahrheit? Nicht einmal für dich konntest du sie nutzen. Nun ist es zu spät. Drei Atemzüge, und du wirst verstummt sein.«

Und er wiederholte: »Was nutzt dein Wort?«

»Das Wort wird bewahrt«, sprach der Prophet, der immer nur Einer ist in den Vielen, weil er der Mund der Wahrheit ist. — Diesen nennen wir Micha. — Der Henker schlug zu. — Die Hunde heulten. — Es gab ihrer drei, die Micha hießen, und drei Henker, die ihnen die Köpfe abschlugen, und es kamen andere nach den Geköpften, und andere werden nach denen kommen, und sie sind immer der eine Mund. Und so lautet das Wort, das bewahrt worden ist, auf daß man ihm zustrebe oder es höhne, und das nicht die Zukunft verheißt, wie sie sein muß, sondern wie sie kommt als eine der beiden und nur eine der beiden sein kann, da zwei Berge nicht an einem Ort sind: »Und es wird geschehen am Ende der Tage, und sie werden ihre Schwerter zu Pflugscharen schmieden und ihre

Spieße zu Winzermessern. Kein Volk wird wider das andre ein Schwert aufheben, und keiner wird mehr die Kriegskunst lernen, und ein jeglicher wird ungestört unter seinem Weinstock und Feigenbaum wohnen. Denn so hat's geredet der Mund des Herrn Zebaoth.«

(1982)

Amnon und Tamar

Einst herrschte ein König; nennt ihn David. Sein jüngster Sohn heiße Absalom. Er hatte einen Bruder und eine Schwester. Die Schwester Absaloms hieß Tamar. Sie war so schön, daß beide Brüder sie begehrten, doch da die Brüder unvertraut lebten, wußte dies einer vom andern nicht. Der Bruder Absaloms hieß Amnon. Er war ausersehn, einst die Krone zu tragen, und König David war alt und schwach.

Absalom gestand Tamar, daß er sie liebe, und er bat sie, sein Lager zu teilen. Sie sagte: »Bruder, wie könnte ich das! Wir hätten das Gesetz gegen uns, und das Gesetz ist von den Himmeln gegeben. Wir wollen uns lieben wie Bruder und Schwester.« Doch Absalom sagte: »Das ertrage ich nicht. Ich liebe dich mehr als ein Bruder die Schwester.« Da sagte Tamar: »Nun denn, Bruder, wir wollen jeden Morgen zu dem Tamariskenbaum blicken, der auf dem Hügel im Frührot steht. Wenn der erste Strahl der Sonne ihn trifft, werden sich dort unsre Augen umarmen. Das ist mehr, als das Gesetz es erlaubt. Aber für dich will ich es tun.« Absalom sagte: »Des bin ich zufrieden. Mein Auge wird das deine küssen. Aber es darf niemand erfahren.« Das versprach Tamar, und ihr Bruder schied.

So liebten sie einander, jeden Morgen, Absaloms und Tamars Augen, und Absalom sah die Morgensonne auf dem reglos erzitternden Schleier des Grüns und sprang vom Lager und rannte aufs Feld, wo die Truppen üben, und schleuderte dort Speere nach einer Zeder, um deren Stamm er ein rotes Tuch gewunden. Den Obersten des Heeres gefiel das. Sie sprachen heimlich zueinander: »Prinz Absalom ist von anderem Schlag als sein Bruder Amnon, der die Kriegskunst verachtet.« Und sie nickten Beifall, wenn der Speer ins rote Tuch um den Zedernstamm stieß.

Es traf zu, daß Amnon nicht von seines Bruders Schlag war, und es stimmt auch, daß er die Kriegskunst verachtete und mit den Waffen nicht Umgang pflog. Auch gefiel es ihm, spät zu Bett zu gehen und in den Tag hinein zu schlafen, allein eines Morgens plagte ihn eine Fliege, und als er sie aus dem Fenster scheuchte, sah er die Tamariske im Frührot, und sah, daß ihr Grün sich leise bewegte, wiewohl kein Wind durch die Zweige strich. Da sah er schärfer auf diesen Baum und sah jählings die Augen seiner Schwester Tamar und die seines Bruders Absalom. Da sprang auch er vom Lager auf, doch dann sah er schon Absalom auf das Truppenfeld rennen und sah ihn den Speer nach der Zeder schleudern, deren Stamm rot umwunden war.

Da dachte Amnon: Dieser Speer gilt mir. Das Tuch um die Zeder bedeutet mein Herz.

Von dieser Stunde an haßte er seinen Bruder.

Während Absalom nach dem roten Tuch warf und der König mit seinen Ärzten Rat hielt, eine Kälte zu bannen, die seinen Leib lähmte, stürzte Amnon zum Gemach seiner Schwester. – Sie war noch im Nachtgewand. – Amnon sah Tamar zu dem Baum schauen, dessen Grün nun reglos niederhing. – Tamar fuhr erschrocken herum. – Amnon sagte: »Ich liebe dich, Schwester!« Tamar schrie: »Wie kannst du es wagen, ins Gemach einer Jungfrau zu treten. Ich bin im Nachtgewand. Geh hinaus!« Ihre Stimme drang kaum bis zur Tür. Amnon wiederholte: »Ich liebe dich, Schwester!«, und er trat in ihr Gemach. Da sah Tamar, daß ihr Bruder erregt war, und da fühlte sie jählings auch ihre Erregung, aber man sah sie ihr nicht an. Amnon sagte ein drittes Mal, daß er Tamar liebe, und flehte sie an, auf ihrem Lager zur Seite zu rücken. Da sagte sie: »Bruder, wie könnte ich das! Das Gesetz erlaubt es nicht!« – Amnon sagte: »Was soll das Gesetz. Es muß keiner wissen. Uns sieht nur ein Baum, und der wird schweigen.« Da schlug Tamar ihre Arme um ihren Leib und sagte, daß sie schreien werde, wenn Amnon sich ihrem Lager nahe. Sie saß wie ein Steinbild auf ihrem Lager, reglos und weiß wie ihr Nachtgewand, das aus weißestem Leinen gewebt war, und ihr Leib schien ohne Blut und Atem. Amnon aber sagte, er sterbe, wenn ihm Tamar nicht angehöre. – Er ging in sein Gemach zurück und warf sich auf sein Bett und raufte sein Haar und verweigerte jede Nahrung. Als er auch abends noch nicht aß, wurde dem König gemeldet, daß der Thronfolger krank sei. Der König hörte es bestürzt. Er liebte Amnon nicht nur als Erstgeborenen, er achtete ihn als klug und besonnen, und das Reich war von mächtigen Feinden umringt.

So schickte der König seinen Leibarzt zu Amnon. Des Königs Leibarzt hieß Jonadab. Die Nacht umhüllte schon den Palast, da Jonadab vor Amnon stand.

»Sehnsucht verzehrt mich«, sagte Amnon. Und er gestand, daß er eine Jungfrau liebe und sterben müsse, wenn er sie nicht besitze, doch daß das Gesetz dem zuwider sei. – Da dachte Jonadab: Das ist doch nicht alles! – Und er sagte: »Ein König steht über allen Gesetzen, die von den Himmeln gegeben sind.« – Amnon fragte, wie sich sein Vater befinde, der, wie er voll Sorge gehört, unter bedrohlichen Frösten leide, und der Arzt sagte, er habe angeordnet, wechselnd durch die Achtel der Nacht eine Jungfrau auf den Leib des Königs zu legen, sein erkaltendes Fleisch zu wärmen, und, daß ihr Anhauch den Kranken gesunde, mit ihrem Mund auf dem Mund des Königs und mit ihrer Scham auf des Königs Scham. Alles dies, so sagte der Leibarzt, verstoße gegen das Gesetz, welches die Ehre der Jungfrauen schütze, doch des Königs Erhabenheit stehe über den Gesetzen, und also sei hier wohlgetan, was sonst durch Steine geahndet werde.

Amnon hörte den Bericht und sah den Leib des vertrocknenden Königs und die Leiber, die man auf ihn legte, und sah darunter auch Tamars Leib, und da wünschte er seines Vaters Tod.

Jonadab blickte Amnon an. – »Ich bin kein König«, sagte Amnon; doch der Arzt sagte: »Ihr werdet es sein, Herr«, und dann schwieg er, und auch Amnon schwieg, und keiner wußte, was der andere dachte, wiewohl jeder glaubte, er wisse es. — Amnon bat den Leibarzt, kein Opfer zu scheuen, des Königs heiliges Leben zu retten, und der Leibarzt sagte, dies wolle er, allein der Thronfolger müsse erlauben, daß sein, des Arztes, Sorgemühen sich auch auf jene Person erstrecke, die nächst dem König die erhabenste sei. — »Sehnsucht verzehrt mich«, sagte Amnon, und dabei blickte er aus dem Fenster. — Jonadab sah Amnon zum Hügel hinblicken, auf dem ein Baum im Silber des Monds stand, überrieselt vom Schleier immerwährenden Grüns, und da sah er hundertfach einen Namen, da der Baum sagte, wie er hieß. — Sein Namen war Tamar. — Der Leibarzt erschrak, doch es war kein Zweifel, der Namen war Tamar, des Thronfolgers Schwester, es gab keine andre Jungfrau in der Stadt, die den Namen Tamar trug. — Des Prinzen Verlangen war frevelhaft, allein es war der Namen Tamar: Die Zweige schrieben ihn in die Luft, und er war in den Rissen der Rinde zu lesen, in die sich der Mondglanz grub. — Die Nacht hieß Tamar, und Jonadab las sie, und da fühlte er plötzlich wie Amnon, und da hatte er auch einen Plan. — Der Thronfolger war sofort einverstanden.

So suchte der Leibarzt noch in der Nacht seinen König auf und sprach zu ihm dies: »Euer ältester Sohn, Herr, wird sterben, da er alle Nahrung verweigert. Er kennt früh eines Königs Sorge vor Giften.« — Da schrie der König: »Wer stellt meinem Sohn nach?«, und da er dies schrie, gab er ein Zeichen, den Leib, der auf seinem lag, wegzuschaffen. — »Wer stellt meinem Sohn nach?« wiederholte der König, da er mit dem Arzt allein war, und er sah plötzlich die Augen Absaloms, und er sah ihn den Speer nach der Zeder werfen, Früh um Früh, ein besessenes Mühn. — »Niemand, mein Herr«, erwiderte der Leibarzt, und er sagte, es sei ein jähes Mißtrauen, das den Thronfolger die Nahrung verschmähen lasse, jäh und grundlos wie der Wind, von dem niemand wisse, woher er wehe. — Da nickte der König David und sagte: »Mein Sohn erfährt früh, was das Gemüt eines Königs kältet.« — Er zitterte, da er ungewärmt lag, und hüllte sich in die rote Decke mit den eingewebten Zeichen des Heils. – »Rette meinen Sohn«, sprach er zum Leibarzt, »er ist jener, der das Reich wahren wird.« Und er sagte, vor seiner Kammer ständen acht Jungfraun, die lieblichsten aus allen Tälern, vielleicht, daß eine den Prinzen ergötze und er sich wieder des Lebens freue, ohne Drängnis und Arg. – So der König; aber der Leibarzt: Solcherart sei Amnons Verdüsterung nicht. Sein Mißtrauen habe keinen Grund als den eines Blicks in den Abgrund der Menschheit, ausgenommen das königliche Geblüt. – »Das königliche?« fragte der König; und der Leibarzt erwahrte: »Das königliche!« – Und er berichtete dem König, der Thronfolger würde nur Speisen annehmen, die seine Geschwister bereiteten, sein Bruder oder seine Schwester, und da rief der König: »Nicht Absalom!«

So ging denn Jonadab zu Tamar, und er sah sie im Nachtgewand, und sah, daß sie die schönste Frau war, die im Reich des Königs lebte. Hinter ihr stand der Baum im Silber, und seine Schleier wiegte der Wind. Da erneute sich Jonadabs Verlangen, und da er wußte, daß er vergebens brenne, haßte er die, nach der er brannte, und er sann auf ihr Verderben.

»Ich gehorche dem Gebot meines Bruders«, sprach Tamar. – Sie ging hinunter in die Küche und bereitete Fladen aus Weizenmehl, dem feinsten, dem siebenfach gesiebten, und sott Lammfleisch mit sieben mal sieben Kräutern, und sie legte Fladen und Fleisch in eine irdene Schüssel zu einem Löffel aus Zedernholz und brachte sie ihrem Bruder Amnon. Der sagte: »Ich esse nur aus deiner Hand, Schwester!« – Da setzte sich Tamar an sein Lager und brach den Fladen und tunkte ihn in den Lammsud und schob die Speise in ihres Bruders Mund. – Amnon aß, und bei jedem Bissen berührten seine Lippen Tamars Finger, an den Kuppen, unterhalb der Nägel, und als Tamar den letzten Bissen darbot, nahm Amnon die Hand in seine Hände und führte sie mit der Speise zum Mund, und als er den letzten Bissen gegessen, drehte er die Hand seiner Schwester und küßte deren Innenfläche, und da spürte Tamar einen Schauer, der von ihrer Hand zu ihrem

Schoß rann, und von dort weiter zu ihren Knien. — Amnon wollte sie auf sein Lager ziehen, da lag Tamar schon auf seinem Lager. — Amnon wollte sagen: »Ich liebe dich, Schwester!«, da öffnete sich schon Tamars Mund und schloß, da er sich öffnete, den Mund Amnons, und ihre Leiber stürzten ineinander.

Amnon lag auf Tamar, und Tamar lag auf Amnon, und dann lagen sie nebeneinander, bis der erste Strahl der Sonne sie traf. Als Tamar ihn auf ihrem Leib sah, wandte sie sich, wie jeden Morgen, um, nach der Tamariske zu blicken, doch diesmal hielt sie im Sich-Umwenden inne und blieb auf der linken Seite liegen, und blickte nicht mehr auf ihren Bruder und noch nicht zu dem erstrahlenden Baum. Absalom, im Gemach nebenan, blickte auf die Tamariske, und sein Auge wollte ihr Immergrün küssen, doch er sah es wie einen Fetzen hängen, blutgrau im Morgen, und unbewegt. Da packte Absalom seinen Speer, jedoch vor Amnons Tür hielt er inne, und Amnon hörte die Schritte einhalten, und Kälte kam über seinen Leib. — Absalom stand; Amnon wußte jählings die Tür unverschlossen. — Mürber Geruch aus der sudligen Schüssel, sie lag umgekippt am Boden, der Geruch widerte Amnon an, und der Anblick war unerträglich. — Sich entfernende Schritte; die Kälte blieb noch, einen Herzschlag lang, da suchte Amnon Tamar. Sie lag auf der Seite und sah ins Nichts, nicht auf den Bruder, nicht auf den Baum, doch da sie fühlte, daß Amnon auf den Baum sah, sah auch sie zur Tamariske: verwaschene Fetzen aus schmutzigem Grün.

Sie wandte sich zu ihres Bruders Gesicht und fand es anders als am Abend und erschrak, da sie es verändert sah.

Das Frührot war voll Mächtigkeit, es legte sich leuchtend auf beide Leiber, die nun wieder einander berührten, doch da Amnon nach Tamars Schultern griff, waren auch seine Hände verändert; sie spürte das Kälten ihres Nacktseins, und plötzlich empfand sie heftigen Drang, das Lager Amnons zu verlassen.

Sein Griff tat weh; sie wehrte ihn ab, doch sie konnte ihre

Kraft nicht versammeln. – Sie sagte: »Bruder, ich muß hinaus«; Amnon aber keuchte: »Du bleibst!« – »Mich treibt eine Notdurft, Bruder«, sprach sie, und als Amnons Knie in das ihre drückte, wurde Tamars Leib nichts als Not. Ein Stöhnen; Amnon mißverstand es, doch auch er, im vollen Morgenlicht, fühlte, wie er seines Leibs nicht Herr war und sein Verlangen nicht im Maß seiner Kraft. Da dachte er sie beide zu zwingen, seine Kraft zugleich mit Tamar, und als Tamar ihn lasten spürte, geschah es: Ihre Knie glitten auseinander, und ihr Wasser quoll über Amnons Rute.

Amnon stieß sich von ihr; er schrie: »Was tust du da, du erbärmliche Hündin!« – Er sah auf sie nieder, da es immer noch quoll, und er spürte, wie sehr sie ihn ekelte, ihr Gesicht, ihre Brüste, am meisten ihr Schoß. – Tamar sagte, nun ruhig: »Ich hatte Not.« – Sie drehte sich seitwärts vom Lager hinunter; sie wünschte nichts, als allein zu sein, in geschlossener Kammer, und sich zu waschen. – Auch Amnon war vom Lager; er schrie: »Du tust mir Schande an! Du pissest auf das Glied eines Königs!« – Da er dies rief, mußte Tamar lachen; sie hatte sich gebückt, die Schüssel aufzunehmen, und da, über der Schüssel, mußte sie lachen; vielleicht dachte sie mit diesem Lachen zu enden, was Notdurft beider Leiber gewesen, allein dieses Lachen widersprach solchem Wunsch; es war anders als je zuvor. – Amnon empfand es als bösesten Schimpf; er schrie, sie wolle ihn behexen. – Sie sah zu ihm hoch; er spürte es. – Er schrie, sie raube ihm seine Manneskraft; nur darum habe sie sich auf sein Lager gestohlen –: »Jeder weiß, was Hexen erstreben, wenn sie gegen das Morgenrot pissen!« Und er schrie ihr ins Gesicht, er wisse, mit wem sie verbündet sei.

Da endlich, und jäh, erstarb Tamars Lachen, und es erstarb ihr das Wort im Munde, und da, auf Amnons, des Thronfolgers Geschrei, kam auch schon der Leibarzt gelaufen. Er hatte die Tamariske im Frührot gesehen, ihr Schatten kroch als ein finsteres Zeichen, und nun sah er Amnons Lager besudelt und die beiden getrennt.

Der Leibarzt sprach: »Mein König hat gerufen!« — Tamar wollte sagen: »Der ist doch kein König!«, da sank Jonadab vor Amnon ins Knie.

Da wußte Tamar, sie war verloren.

Amnon sagte: »Die da hat mein Lager entweiht!« — Tamar sagte: »Ich hatte Not. Das ist etwas, das jedem Menschen geschehn kann.« — Sie richtete sich langsam auf und hielt die Sudschüssel in der Hand, als ob sie ihre Nacktheit decke. — Der Leibarzt sagte: »Dies ist nicht so. Was du getan hast, ist ein Greuel.« — Er kniete noch immer, und der Thronfolger richtete ihn nicht auf. — Der Thronfolger war nackt; er kaute seine Lippe. — Da mußte Tamar wieder lachen, und dieses Mal war ihr Lachen Hohn. — Da schrie der Leibarzt: »Das ist eine Hexe!«

Amnon packte Tamars Haar; sie hielt die Schüssel und wehrte sich nicht; es war, plötzlich wußte sie es, eine kostbare Schüssel. Der Bruder riß ihr den Kopf nach hinten und schlug sie; sie hielt die Schüssel immer noch, und Amnon trat ihr in den Leib, da ließ Tamar die Schüssel fallen, und Amnon schleifte die Schwester hinaus, durch den Flur, wo sich rasch die Türen schlossen, zum Flügel hin, wo die Mägde hausen und wo sich eine Treppe teilt, zu einer Gasse zum Markt und einer Gosse zum Hafen. — Hunde heulten, da wie dort. — Da Amnon sie über die Treppe stieß, erkannte Tamar den Augenblick, da man die Gewalt eines Wunsches besitzt. Nun hätte sie gewünscht, nach ihrem Bruder zu pissen, allein sie hatte kein Wasser mehr, so wünschte sie ihres Bruders Tod, und es würde ihr Bruder sein, der ihn tötet.

Sie stürzte, aber sie stürzte nicht tief, sie konnte ein Geländer packen, und zog sich hoch, und wankte hinunter, und die Pforte unten tat sich auf, und Tamar wurde hinausgestoßen, und da lachte sie ein drittes Mal, und ihr Lachen war so schauerlich, daß es die Hunde schreckte, die draußen streunten.

Das rettete Tamar.

König David wurde gemeldet, daß Prinzessin Tamar den

Thronfolger, ihren Bruder Amnon, zu vergiften versucht, da sie ihm eine Krankenspeise bereitet, und den König fror wie nie noch zuvor. »So sind die Menschen«, sagte er und gab den Befehl, Tamar zu töten, und er weinte, da er dies befahl. – Das habe die Wache bereits besorgt, und danach die Hunde des Hafens! – König David weinte sehr, und dann schickte er Häscher aus, seinen Sohn Absalom gefangenzusetzen; es lag klar, daß der Tamar angestiftet, so wie Tamars Schuld klarlag. Die Häscher eilten, doch Absalom war schon auf der Flucht nach dem Süden, in die Berge, wohin alle fliehen, die aus der Ordnung zu fallen drohn.

Jonadab suchte Tamar; er fand sie im Hafen, umlagert von Hunden und Gesindel. – Er sagte: »Schafft sie in mein Haus. Gebt ihr einen Kittel.« – So kam Tamar unter Jonadabs Mägde. Die lachten: »Da kommt eine Prinzessin! Laßt sie uns gebührend empfangen!« Unter Jonadab dienten auch Mägde, die einst unter Tamar gedient, damals, als die noch ein Kind war. Sie sagten zu Tamar: »Da bist du nun!«

Tamar fragte: »Was soll ich tun?« – »Mach hier sauber«, sagte Mirjam und spie auf den Boden, vor Tamars Füße. – Tamar suchte nach einem Hader. – »Doch nicht so!« sagte Mirjam, und die Mägde lachten.

Es half ihr nicht, daß Tamar sich wehrte, die Mägde drückten ihren Kopf zu Boden und schlugen sie, bis sie begriff. Sie versuchte zu tun, was man von ihr verlangte, und da mußte sie sich erbrechen. – »Mach auch das sauber!« sagten sie. – In diesen drei Stunden bekam Tamar Falten. – Schließlich erschien der Leibarzt und sagte: »Genug!«

Er winkte mit dem Kinn; Tamar folgte. Jonadab führte sie in sein Gemach. Er sagte: »Der König befahl, dich zu töten. Ich lasse dich leben. Weißt du auch, wie du mir dankbar sein mußt?« – Da legte sich Tamar auf sein Lager. – Da sagte Jonadab: »Was will diese Hexe? Will sie mich vergiften, wie sie es mit ihrem Bruder versucht?« Und er griff in ihren Leib und schrie: »Sie ist ja offen. Das ist eine Hure.« – Da rannte Tamar hinaus, zu dem Baum, der auf dem Hügel im Abendschatten des königlichen Palastes stand. Sie drehte den Kittel zu einem Strick und hing ihn unter jenes Grün, darauf Absaloms Auge das ihre geküßt. Allein die Schlinge löste sich, und Tamar fiel zwischen Wurzeln und Steine.

Den Hügel hinan schritt Jonadab.

»Ich möchte sterben«, sagte Tamar.

»Das geht nicht so rasch«, sagte Jonadab.

Tamar wagte zu fragen, warum man sie so quäle, und Jonadab sagte, das wisse sie doch.

So diente sie unter Jonadabs Mägden.

Amnon wartete auf des Königs Tod, und der König fror, doch er starb nicht. Jonadab wartete, daß Amnon ein Heer versammle, doch Amnon versammelte kein Heer, wiewohl nun auch er auf dem Kampffeld sich übte, im Sattel, und mit dem kurzen Schwert. – Tamar wusch die Schüsseln und Töpfe der Mägde und wartete auf ein Heer aus dem Süden, und ihr Bruder Absalom führe es an. – Sie wartete so lange, bis ihr Herz grau war, und sie wußte nicht, wieviel Jahre das war. – Es waren nicht sehr viele Jahre. – Auch ihr Haar wurde grau, ihre Haut zerriß, und die Risse wurden hornig, und als die letzte Hoffnung verbraucht war, kam ein Heer aus dem Süden herauf, und ihr Bruder Absalom führte es an.

Es war ein herrliches Heer, das heranzog, und vor ihm wehte ein grüner Schleier, das war das Immergrün des Baumes, und Absalom trug es auf seinem Helm. Tamar war, wie die andern Mägde, hinausgerannt, das Heer zu beschauen, und sie las ihren Namen in der kochenden Luft. Sie hatte den Bruder sofort erkannt, noch ehe sie sein Gesicht gesehen, doch Absalom zog an ihr vorbei, strahlend wie der Mond im Maiwind, und er fragte nicht einmal: »Wer ist diese Vettel?« Da brüllte Tamar hinter ihm her, mit ihrer von Suden zerwaschenen Stimme; es war sein Namen, den sie herausschrie, viele schrien jetzt seinen Namen, und man hörte die ersten Willkommensrufe. Tamars Gebrüll war verlorenes Krächzen, allein da es an Absaloms Ohr drang, wandte Absalom sich um.

Da stürzte ihm schon Amnon entgegen.

Amnon kam vom Feld, drauf die Truppen üben; die Begegnung der Brüder geschah am Hügel, der den immergrünen Baum trug, und der Zweikampf schraubte sie hügelan. Absaloms Speer war bald zerspellt; auch der zweite, den ihm sein Träger zustieß; der dritte mußte den Sieg erzwingen, und Amnon, bislang in der Abwehr, wartete auf die gefährliche Nähe, da Flanke an Flanke vorüberschoß. – Tamar rannte vor dem Heer; sie kannte den Pfad am Palast vorbei, den kein Reiter nehmen konnte, und so geschah es, daß sie am Hügel stand, da die Kämpfer, ein Doppelstern des Hasses, den Baum als ihre Mitte bestimmten. – »Bruder!« schrie Tamar; Absalom sah sie, und »Bruder!« schrie Tamar, und da war es geschehn. Der Blick auf Tamar war der Blick auf den Kampf nicht; sein Pferd raste Absalom durch den Schleier, der von dem Baum der Schwester hing, und sein Helmbusch verfing sich im Geäst. Amnon riß sein Pferd herum; Absaloms Glieder waren ein Zappeln; das Bruderschwert schnitt in den Hals des Bruders, und ein zweiter Schlag schnitt die Wirbel durch. – Tamar warf sich über Absaloms Rumpf. – Amnon, an der Spitze des Königsheeres, trieb Absaloms Heer in den Süden hinein und verfolgte es bis in die Berge.

Dann kehrte er in die Hauptstadt zurück.

Dort war nichts Berichtenswertes geschehen, außer daß der König plante, sich seines Sohns Amnon zu entledigen, er fürchtete einen Griff nach dem Thron, denn es war ein Heer, mit dem Amnon zurückkam. – Der König hatte noch einen Sohn, der hieß Salomo, ein Verächter der Kriegskunst, und der König baute auf ihn. – Aber das sind schon andre Geschichten. – Tamar diente unter Jonadabs Mägden, und wenn ihr Herr, was manchmal geschah, eine Sklavin edler Herkunft kaufte, war es Tamar schon vergönnt, auf den Boden zu speien, daß die Neue ihn säubre. – Natürlich hatte Amnon gewußt, wer sich da über den Rumpf gestürzt, aus dem das Blut in Bächen gequollen, und natürlich fragte er nicht nach der Schwester, als er in die Hauptstadt zurückkam. – Übrigens, Tamar überlebte ihn, und sie spürte keine besondre Genugtuung, als die Nachricht von Amnons Hinrichtung eintraf, es war eine Nachricht, die wenig interessierte, ein Wechsel der Herrschaft war kaum zu erwarten, Jonadab hatte sich längst von Amnon gelöst, und ein Wechsel hätte unten auch nichts verändert, Jonadab war ein Herr wie die meisten andern, nicht besser und nicht böser als die. — So lebte Tamar, wie man so lebt, wenn man Magd ist, nicht schlimmer, nicht besser als andere. Begraben dann wurde sie besser als ihre Brüder, die lagen irgendwo verscharrt, Aufrührer, die man in den Staub wirft; Tamar starb eines ehrbaren Tods, und sie wurde ehrbar bestattet. Fünf Mägde klagten an ihrem Grab, das war die Ehrung, die einer gebührte, die allezeit fleißig und sauber gedient und ohne Mucken ihr Los getragen. Dann kam eine andere für Tamar. Ihr Namen war Numel, oder Numea; sie stammte aus Saba. Die Tamariske grünt noch heute.

(1982)

Das Ohr des Dionysios

»So sah ich mich gezwungen, nur noch die wahre Philosophie anzuerkennen und festzustellen, daß man allein von ihr ausgehend vollständig erkennen könne, worin Gerechtigkeit im Staat und im Privatleben bestehe, und daß wahrhaftig das Menschengeschlecht nicht aus dem Unglück herauskommen würde, bevor ein Schlag wahrer und echter Philosophen an die Staatsverwaltung gelangte, oder dann, bevor die regierenden Kreise in den Städten durch ein göttliches Wunder ernsthaft zu philosophieren begännen.
[...]
Jetzt aber hat sich irgendwie ein Daimon oder eine Rachegottheit der Sache bemächtigt und durch Gesetz- und Gottlosigkeit und hauptsächlich durch die Hemmungslosigkeit der Dummheit, in der für alle Menschen alles Schlechte wurzelt, aus der es hervorwächst und in der Zukunft seinem Erzeuger bitterste Frucht bringen wird – eine solche Rachegottheit, sage ich, hat alles zum zweiten Male über den Haufen geworfen und dem Verderben überantwortet.«

Platon, Der Siebente Brief

Vor Syrakus, in den duftenden Gärten der alten Steinbrüche, die heute »Latomia del Paradiso« genannt werden, zeigen die Fremdenführer gern eine Grotte, die, oval in Felswülsten hochgespitzt und eng in den Hintergrund gemuschelt, verblüffend einem Menschenohr ähnelt –: das »Ohr des Dionysios«. – Die Demonstration ist eindrucksvoll. – Einer der Führer geht in die Grotte, ein zweiter mit den Touristen hangauf, den Serpentinenpfad zum Amphitheater und dort gut dreihundert

Meter abseits, wo er sie zwischen Granit und Disteln um einen Erdspalt sich hinkauern heißt, aus dem plötzlich, wie ein Gewölb sich erhebend, die Stimme des Manns in der Grotte schallt. Er schreit nicht, das würde die Ohren sprengen, er flüstert, und man hört ihn flüstern, man hört den Hauch seines Atemholens, man hört ihn sich die Hände reiben, man hört, wie er sich übers Haar fährt, und er steht zweieinhalb Stadien weit und ist nahe, als säße er unter den Lauschern.

So auch in den Tagen, da die Idee der Idee sich im Morgendämmern des Denkens dachte, in den Tagen der Vernichtung der athenischen Flotte und des Zuges der Zehntausend gegen Kyros, den Großkönig des persischen Reiches. – Es begann, wie Großes so oft, trivial. – Dionysios I., Selbstherrschender Stratege von Syrakus, hatte, seine Notdurft zu verrichten, sich nach einem Theaterbesuch nicht auf die Herrscherkloake begeben, sondern, von erprobtem Mißtrauen getrieben, wie in seinen Reitertagen abseits hinter Steinen sich hingehockt (nun freilich von seinen Wächtern gesichert), da hörte er unter seinem Leib eine Stimme seinen Tod beschwören –: »Der Stahl wird dein Gekröse zerschneiden!«, und sein Name fiel hinter diesem Fluch, und das Wort »Tyrann« vor seinem Namen. – Der zu Tod Erschrockene, der sich jedoch so rasch faßte, daß kein Wächter seine Betroffenheit wahrnahm, hielt den Fluch zuerst für einen Zornschrei der Dämonen, die im warmen Gedärm daheim sind und, jäh aus dem Leib ihres Wirtes gestoßen, unterm freien Himmel zu frieren beginnen; dann aber erkannte er die Stimme: Es war die eines Halbbruders seiner Zweitfrau Doris, deren Vater – doch wozu die Verwandtschaft bemühen –: Es war die Stimme seines ärgsten Feindes, eines Mannes namens Nikophoros, der die Selbstherrschaft über Syrakus zur Rettung vor der Tyrannis des Dionysios erstrebte und den der siegreichere Widersacher in das sicherste Gefängnis geworfen, über das seine Stadt gebot, eine soeben ausgehauene Grotte in den großen Granitbergwerken, die gleichzeitig als Sklavenkasernen wie als Kerker für Staatsgefangene dienten.

Der Abbau in diesen Steinbrüchen geschah dergestalt, daß die Granitblöcke im Maß ihrer natürlichen Fügung kammerartig so aus dem Felshang gehaun wurden, daß die stehenbleibenden Pfeiler und Zwischenwände die Drucklast des Gewölbes trugen, das im Lauf vieler Jahrzehnte schließlich ein Kavernenlabyrinth überspannte. In einer derart entstandenen, jedoch vereinzelt gebliebenen Grotte wurde Nikophoros verwahrt, an den Händen, den Füßen und den Hüften gekettet, die Ketten in dem Stein verankert, und der bewegungsohnmächtige Leib so wie der einzige Zugang zur Grotte von einer Schar Lanzenträger bewacht. Die Leute waren zuverlässig und hatten zudem einander im Auge, wie wäre Nikophoros da entkommen, und wo im Geröll verbärge er sich? Das Gelände war gut überschaubar und bot vielleicht einer Maus ein Versteck, doch nicht einem erwachsenen Mann, und der Nikophoros war ein Hüne. So war nur eines von beiden denkbar: die erbosten Dämonen hatten die Stimme des Erzfeinds nachgeahmt, ihren einstigen Wirt zu erschrecken, oder eine göttliche Fügung hatte ihn, den Selbstherrschenden Strategen, befähigt, die Stimme des Feinds aus einer Ferne zu hören, dahin sonst die Menschenstimme nicht dringt.

Dionysios sandte einen Leibwächter zur Grotte, den Nikophoros dort mit Feuer zu streichen; er tat dies nicht aus Lust am Quälen, sondern im Streben nach einer Gewißheit, die nur aus Erkenntnissen wachsen kann. – Die Kotdämonen kennen kein Feuer, es liegt jenseits ihrer Erfahrung, und also, das war des Herrschers Kalkül, würden sie nicht jene Laute hervorbringen können, die das Feuer aus lebendigem Fleisch preßt, jenes sofort in äußerster Stärke dem tiefsten Schlund entbrechende Brüllen, das Dionysios genau nach der Frist vernahm, die nötig war, von seinem Standort bis in die Grotte hinunterzukommen. Kein Zweifel, der da brüllte, war ein Gesengter, kein Kotdämon konnte dies äffend vollbringen, und als der Herrscher dann das Verlies aufsuchte, fand er den Nikophoros nach Gebühr angekettet und seine linke Schulter verschmort.

Das Kalkül war geglückt, die Beweisführung zwingend, der

Syllogismus in sich geschlossen, und Dionysios befahl, dem immer noch brüllend in den Ketten sich Werfenden Linderung nicht zu versagen. Die Schulter wurde mit Öl behandelt, und nun, da das Fleisch seine Pflege erfuhr, schien auch das Gemüt des Gefangenen erweichbar, und Dionysios, anstatt zu strafen, unternahm das Werk der Besserung. So rasch also falle, belehrte er den nun an göttliche Fügung glaubenden Frevler (denn der hatte seinen Fluch nur gehaucht, eigentlich nur glühend gedacht, und es war vollkommen unbegreiflich, daß ein Lauscher ihn hatte wahrnehmen können) — so rasch also falle ein böser Wunsch auf den, der ihn gefaßt, zurück, und es wäre jetzt nur gerecht, den Willen des Schicksals zu vollenden und ein Todesurteil auszusprechen, aber er sehe davon ab und schenke seinem Feind das Leben. — Die Lehre war wirksam; die Mäßigung auch. — Der Gefangene widerrief seinen Fluch; er fand reumütig zum Gehorsam zurück, und der Herrscher nahm ihn in Gnaden auf und gewährte ihm, in der Stadt zu leben, in bescheidenem Maß ein Vermögen zu sammeln, ja sogar, nach einer Zeit der Bewährung, wieder öffentlich tätig zu sein.

War solch ein schöner Vollzug wiederholbar? — Eine »Grotte der Läuterung«, ein kühner Gedanke; wahrscheinlich, daß der Stratege ihn dachte, doch die Verhältnisse waren zu widrig für ein Reich der Einsicht und Freundlichkeit, wie es ihm vorgeschwebt haben mag. — Er suchte ja Umgang mit Philosophen, verkehrte mit den unteritalienischen Pythagoräern und hat gewiß auch mit Platon diskutiert; las viel, schrieb selber Tragödien, trat in den eigenen Stücken auf und errang damit im Vaterland große Erfolge; er verstand auch die Kithara und die Lyra zu schlagen, doch die Zeit blieb weder dem Wirken der Musen noch dem Walten der Milde günstig: Widersetzlichkeit allerorten, Attentate, Komplotte, Rebellionen, Kriege, und so war der Selbstherrscher genötigt, die geheimnisvolle Grotte zu nutzen, seine Kenntnisse von den Menschen zu mehren, etwa indem er zwei aufgespürte Verschworene, die getrennten Wegs in die Stadt sich geschlichen,

nach monatelanger Einzelhaft schließlich, und so, als wisse er nicht, daß die beiden einem Ursprung entstammten, in jener Grotte zusammenbrachte, gekettet, geknebelt, doch dies so unvollständig, daß sie eines Flüsterns noch fähig blieben, und was der Herrscher aus ihrem Geflüster erfuhr, eröffnete ihm nicht nur einen Abgrund an Bosheit, wie er ihn bislang noch nicht erschaut, es gab ihm auch das Recht und die Kraft, drei blühende Geschlechter auszutilgen und über die Stadt Naxos, Heimat der beiden, nach der Zerstörung den Pflug zu ziehn.

Wie aber kam jenes Wunder zustande, wer trug den Hauch vom Entstehungsort zu einem so weit entfernten Erdspalt? – Sofort nach dem Gespräch mit Nikophoros hatte der Herrscher den Versuch wiederholt, nicht mit Feuer, das war nicht mehr nötig; er hieß am Ort, da der Gefangene hing, einen Wärter ein Soldatenlied trällern und begab sich zum Erdspalt und hörte das Lied. Zwei Schritt abseits, und nur mehr das Zirpen der Grillen; das Ohr überm Erdspalt, und wieder das Lied. – Führte dieser Spalt in die Grotte? – Bergsteiger fanden dies bestätigt, doch die Entfernung spottete aller Erfahrung des Hörens, und das Verblüffendste blieb ja immer, daß man am Erdspalt noch ein Flüstern wahrnahm, das in der Grotte selbst ungehört blieb. – Wer trug es dorthin? – Ein Wesen, das die Grotte bewohnte, allein seit wann wohnte es dort? – Die Grotte war ja vor einiger Zeit noch ein Block Granit im Granit gewesen, ein Fels im Fels; war der Stein behaust? Vielleicht hatte sich genau an der Stelle, an der nun Nikophoros hing, eine Klinze, ein hauchdünner Spalt, gezogen und darin war ein Geist verschlossen gewesen, ein jünglingshafter, geflügelter Dämon, der, freigekommen, es nun genoß, sich in der geräumigen Grotte zu tummeln, in welchem Genuß auch das Weitertragen von Botschaften nur ein willkommenes Spiel war. Dionysios fragte nicht nach seinem Namen, und der luftige Jüngling blieb stumm. So nahm ihn der Herrscher, wie er sich gab, als unvermittelt und unvermutet in den Alltag getretene Wesenheit, die, wiewohl höheren Sphären entstammend, einem dank einer glücklichen Fügung nicht ungünstig gesonnen ist, so daß man, solchen Sinn sich gewogen zu halten, gut daran tut, sie in ruhigem Dank und ohne Bedrängnis zu verehren. Dionysios befahl, dem Dämon täglich ein Trankopfer zu bringen, eine Schale Milch, eine Schale Blut, und der Dämon diente ihm.

Anders sein Sohn, auch ein Dionysios, auch mit Platon diskutierend, auch vom Erkenntnisdrang beseelt, doch nicht, wie sein Vater, vom Geist des Maßes. Er überhob sich und nahm den doch zufälligen Umstand, daß der Dämon in einer Grotte sich umtrieb, die in seinem, des Herrschers, Hoheitsbereich lag, als Zeichen besondren Wohlwollens der Götter und vertraute der eingebildeten Gunst in solch ungeheuerlichem Maße, daß er wähnte, wider das Los steten Bedrohtseins gefeit zu sein, das über jedem Herrschenden schwebt und dem, auf daß es sich nicht erfülle, unablässig entgegenzuwirken jeder Herrscher verpflichtet sein muß. Der Vater hatte dies Bedrohtsein seinem Sohn vor Augen gebracht, als er dessen Freund Damokles, der in scherzhafter Rede den Wunsch geäußert, einmal eine Stunde lang herrschen zu dürfen, eine Stunde lang unter ein Schwert gesetzt, das nur an einem Roßhaar gehangen, und der Sohn hatte schaudernd begriffen, von welcher Gefahr die Macht überschwebt wird, bis dann der Dienst eines Luft-Wesens genügte, ihn diese Lehre vergessen zu machen und mit ihr die Exempel an Umsichtigkeit, die sein Vater ihm vorgelebt, etwa das, die Leiber der Ehefrauen vor dem Betreten des Schlafgemachs nach verborgenem Stahl durchsuchen zu lassen (und das Schlafgemach war nur über Brücken zugänglich, die tagsüber hochgeschlossen wurden), oder die Weisung an die Barbiere (die er später durch seine Töchter ersetzte), Haupt- und Barthaar – statt mit einem Messer zu scheren – mit glühenden Nußschalen abzusengen, oder – und der Verstoß hiewider wurde dem Sohn dann auch prompt zum Verhängnis – alle Diensttuenden an Erdspalt und Grotte von Zeit zu Zeit aus der Welt zu schaffen, nicht nur, um deren Geheimnis zu wahren, sondern auch, dessen Mißbrauch zu verhüten. – Ach, hätte der Vater doch statt des Damokles den

Sohn unter das Schwert am Roßhaar gesetzt! — Wie gesagt, der zweite Dionysios überhob sich; er wähnte sich gefeit vor Gefährdung, und so konnte es geschehen, daß, von Aufrührern bestochen, einige Wächter in der Grotte ein Gespräch inszenierten, aus dem der Tyrann den Schluß ziehen mußte, seinem ergebensten General zu mißtrauen, was soviel hieß, als ihn zu töten, womit er sich des Feldherrn beraubte, der einzig fähig gewesen war, dem Einfall der Korinth- und Karthager zu wehren, jenem heimtückischen Überfall, durch den der Tyrann schließlich seine Herrschaft und mit ihr dann auch sein Leben verlor.

Sein Vater war im Bett gestorben, nach achtunddreißig Jahren Regierungsgewalt.

Ein dritter Dionysios verirrte sich vollends —: Er überstieg, irgendwann später, die Hybris des Ahnen und hielt jenen Dämon für niemand Andres denn Iris, die gegürtete Götterbotin, Tochter der Tageshelle und des Meerwunderbaren, Gespielin des Westwinds, Bezwingerin des Löwen, die Hera ihm huldvoll übereignet; er ließ die Grotte zum Tempel ausbaun und führte den abscheulichen Kult ein, die Überbringer schlechter Nachricht zu Ehren der Iris abzuschlachten, über dem Austritt der Grotte, auf einer Schütte von Blüten in den Farben ihres Zeichens, des Regenbogens, durch die das Blut in den Erdspalt troff. — Als dann in einer der Schmierereien, mit denen Wände besudelt werden, irgendein frecher Verseschmied diese Praxis angriff und das wiederholte, was die Alten seit je von Iris behauptet, nämlich daß sie jedem willfährig sei, ließ der Herrscher den Frevler aufspüren und kreuzigen; so weit, so gut, weil für die Ordnung notwendig, doch seit dieser Stunde begehrte der Herrscher, den Leib der Göttin zu umarmen. Er betete in der Grotte zu ihr und glaubte sich durch bestimmte Zeichen, raunend-lockende Laute, erhört, und um in ihr Schlafgemach zu gelangen, versuchte er, mit Hilfe von Kränen, einen Regenbogen zu besteigen, der eines Abends Syrakus überwölbte; schließlich ließ er sich, nackt, in die Grotte ketten, befahl allen Wächtern, sich zu entfernen, und rief die

Unsterbliche über sich. Am Morgen fand man ihn von Dolchen zerfleischt, und da auch sein Glied abgerissen im Staub lag, glaubte jeder an die Rache der beleidigten Göttin, ja einige munkelten, Hera selbst wäre vom Olymp gestiegen und hätte den Maßlosen bestraft.

Einer der Leibwächter schwang sich zum Tyrannen auf, zum »Alleinherrschenden Strategen«, und unter ihm bahnte sich eine Rückkehr zur verständigen Nutzung der Grotte an; sie wurde wieder als Kerker gebraucht, jedoch unter den folgenden Dionysiossen — die Geschichtsschreibung nimmt keine Notiz von ihnen — entartete ihr Geheimnis endgültig; es wurde zum Hofspiel herabgewürdigt, und man vertrieb sich die Zeit mit dem, was bei dem Entdecker, Dionysios I. — man könnte ihn auch nennen: Dionysios den Weisen —, ernster Notwendigkeit entsprungen: Ein Angeketteter unten wurde gefoltert, und die oben hatten aus seinem Geschrei die Art der Folterung zu erraten. — Und dann ging es noch eine Stufe tiefer (es geht immer noch eine Stufe tiefer hinunter) —: Hätte, was ja nicht zu leugnen, solch ein Spiel immerhin noch einen Zuwachs an Wissen über die menschliche Physis gebracht, über die günstigsten Ansatzpunkte, aussagefördernd auf Nerven und Muskeln zu wirken, so mußte, da nur zur Unterhaltung genutzt, zum Zeitvertreib, und so der Staatskunst undienlich, dieses Ratespiel bald ins Schlüpfrige gleiten —: Nun wurden Liebkosungen erraten und die Grade der Erregung, wenn den Leibern Lust widerfährt.

Endlich die Faxen der Fremdenführer, einfallslose Demonstrationen eines lokalen Phänomens, und dabei ist es bis heute geblieben. — Man zahlt dreißig- bis vierzigtausend Lire für so eine Darbietung; sie ist es nicht wert, doch die Touristen zahlen anstandslos. — Es gibt, so heißt es, allerdings schon Pläne, das historische Erbe neu zu beleben, alte Anregungen aufzugreifen und eine Art akustischer Peep-Show zu schaffen, Hörspiele aus einer gigantischen Pornolalie-Kassette, in den Gärten des Paradieses, nahe dem Amphitheater, hoch über dem funkelnden Granit.

Meinungsumfragen, so heißt es, seien von den Touristen recht zustimmend beantwortet worden. Durchaus möglich, daß man bereits so verfährt.

(1983)

Baubo

Fragmente der Orphiker, 52

Goethe hat ihr im »Faust« ein Denkmal gesetzt: Sie führt die Hexen auf dem Blocksbergflug an. Sie tut dies, so denken wir uns, in der Haltung, in der eine Plastik Spätroms sie zeigt: nackt, auf einer trächtigen Sau, allein sie sitzt nicht wie im Sattel, sondern wie auf einem Sessel, frontal, dieweil das Tier im Profil geht, und die rechte Hand spreizt, den Fuß umfassend, das rechte Bein weit vom abgewinkelten linken, so daß sie offen zeigt, was Rock oder Sitz sonst verbirgt. – Offenen Haars, so fliegt sie zum Blocksberg, auf einem Mutterschwein, die alte Baubo, und der ganze Hexenhauf folgt ihr, und Faust und Mephistopheles mittendrein.

Sie war in Eleusis aufgewachsen, oder in Sizilien, je nachdem, welchem Chronisten man folgen will. – Da wie dort war sie Amme bei König Keleos, dessen ungeschlachte Gören sie nährte. – Die Königin war schlank und zart; ihr Name war Metaneira. – Der Mann der Baubo hieß Dysaulis, was »der Schlechthauser« bedeutet; seine Hütte war elend, wie alle Hütten in diesem armseligen Königreich, das eben erst lernte, Gerste zu bauen und den Schlaf aus dem weißen Mohn zu ziehn. Auch der Palast war nur eine große Hütte, holzen, vielpfeilrig, ein Abbild des Waldes, aus dem dies Königreich herauskroch wie aus einem schützenden Bauch. Der Gürtel des Reichs waren schüttere Felder, und ringsum ein wildes Blütenmeer.

Baubo hatte drei Söhne zur Welt gebracht; ein vierter, Iakchos, war nicht der ihre, wiewohl er sich dann in ihr aufhielt. – Sie erkannte die Fremde sofort, da die eintrat: Demeter, die

Kornmutter, die Große Göttin, deren Tau alles Blühen hervorbringt, alles Reifen und Knospen und jegliche Frucht. — Sie konnte niemand anders sein. — Sie erschien als Alte, gekrümmt und wankend; der Palast erbebte, da sie nahte, und doch knickte ihr Tritt keinen Grashalm um. Auf der Schwelle wuchs sie bis zum Balken der Hochtür, oder das Haus wurde klein vor ihr mit allen, die sich darin bargen; sie füllte sein Dunkel mit ihrem Dasein, und das Leuchten ihres Leibes erhellte den Saal.

Die Königin sprang von ihrem erzenen Sitz auf, ihn der Fremden einzuräumen, die aber blieb stehen und winkte ab. Sie erhob dazu nicht die Hand, ein Zusammenziehn ihrer Brauen, ihr Glutgesicht ging in Verdüsterung über, und dunkle Zeichen um Auge und Mund. — König Keleos sah sie als Verwirrter; er begriff weniger als sein Weib, wes Ranges die war, die auf seiner Schwelle ragte, allein er begriff, sie war eine der Andern, und er sah ihr Antlitz verfinstert: Hatte sein Haus, hatte sein Reich sie erzürnt? Auch er erhob sich, voll Grauen vor der Fremden, die immer noch über der Schwelle stand. — Schließlich rannte Baubo um einen Schemel aus Eichenholz; sie legte ein Widdervlies darüber, weißschimmerndes Haar; Demeter nahm Platz. Eine lange Weile saß sie schweigend, und die im Saal wagten nicht, sich zu rühren; sie standen mit gesenkten Köpfen und atmeten ohne einen Hauch.

Baubo wußte es sofort, wiewohl sie vom Sachverhalt gar nichts wußte. — Später stückelte sie ihn sich zusammen. — Sie hatte den gräßlichen Dreiklang gehört: den Aufschrei der Tochter, das Wehbrüllen der Mutter, und den dritten, furchtbarsten, den lautlosen Anruf, der gebietet, Gesicht und Gehör zu verhüllen, da einer der Hohen sein Werk betreibt, das, wenn sie es sähen oder hörten, Zeugen eine Untat nennten, allein da sie jenen Anruf vernehmen, sehen sie's nicht und hören sie's nicht und vergessen, falls sie gesehn und gehört; das mindeste ist, daß sie davon schweigen. — Hekate war Zeugin gewesen und schwieg, und andre ihresgleichen waren Zeugen und schwiegen: verängstigte Nymphen in Bach und Baum. – Ein Schweinehirt, Eubuleos, verfiel fast dem Wahnsinn, da er Zeuge geworden war. – Nur Helios hatte es so gesehen, wie er auch sonst das Geschehende sieht: unbeteiligt am Treiben tief drunten dies Treiben in sein Gedächtnis prägend und so lange darüber nicht schwatzend, bis daß man sein Wort als Zeugnis begehrt.

Ohne Augenzeugin gewesen zu sein, wußte Baubo von Anfang an, was geschehn war: Ein Mädchen schreit nur so im schrillsten Entsetzen, da es begreift, daß der Tod es hinabreißt, und eine Mutter verfällt nur in solches Brüllen, da sie ihr Kind verloren weiß. – Demeters Tochter, ihr Einziges, hieß Kore, das vom Kind zur Jungfrau erblühende Mädchen, und Baubo sah Demeter als Kore, oder besser: Kore in Demeter, und da begann die Hohe zu weinen, und als Baubo ihr eine Schale Milch bot, schüttelte sie nur stumm den Kopf. – Sie weinte lange. – Dann trocknete sie mit der Hand die Augen, und da hörten alle im Saal das Knistern: das, was der Erde entsproß, dorrte aus.

Der Wald hielt sein Grün noch; die Gerste verbrannte: zart, wie sie im Mai wuchs, wurde sie braun, und die Blumen verwelkten zwischen Morgen und Mittag. Das Gras, im frischesten Schwellen, vergilbte; was Knospe war, wurde hornig und hohl, totes, klapperndes Gehäuse schon im Keim erstorbener Samen. – Der Boden lag schutzlos, seine Feuchte verdampfte. – Die Bienen taumelten nach Nektar; die nackte Erde begann zu zerklaffen, und auf der Dörrnis erschienen Schlangen, Giftknäuel in der Glut, die das Land überzog.

Der grausamste Sommer des Landes hob an.

Da die Pflanzen im Mai zu vertrocknen begannen, wußten alle, wer in der Königshalle auf dem Schemel aus Eichenholz saß, ohne Trank und Speise, und auch ohne Tränen, hochaufgerichtet, gramdüster und stumm. – Da sie es wußten, begannen sie zu flehen: Sie lagen, Asche im Haar, auf den Knien, die Frauen mit zerkratzten Brüsten, und ihr Geheul verscholl im Stummsein derer, die schon zu verschlossen für Worte war. — Sie flehten: Sei auch im Leid uns gnädig! — Die Trauernde schwieg. — Sie flehten, welches Opfer genehm sei; sie hätten ihr eigenes Kind angeboten; die Trauernde winkte nicht einmal ab. — Sie flehten zu ihr: »Hohe Mutter!«, und da durchzuckte Zorn die Trauer, und die Flehenden brachen erschrocken ab, voll Furcht, des Unheils werde noch mehr.

Natürlich, der Leib verlangte sein Recht, sie mußten schlafen und trinken und essen und mußten ihre Notdurft verrichten, und zu allem dem stahlen sie sich hinaus. — Die Göttin verharrte, schweigend und schwer. — Es waren, die Hohe nicht etwa zu kränken, nur die Vornehmsten der Waldbehauser im Saal, flehend, oder stumm am Boden, bis eine Not sie ein Weilchen davonzwang: der König und die Königin, ihre Söhne und die Großen am Hofe, die, denen der Mohn und die Gerste gehörten, die indessen draußen zerfiel. — Was diente, kam nicht einmal zum Dienst in den Saal: Vordem hätte man nichts dabei gefunden, wenn auch Mägde und Knechte ums Herdfeuer hockten; es war eben ein ärmliches Waldkönigreich. — So blieb auch Baubo nicht in der Halle, und auch draußen hielt sie keine Pflicht: Sie war zu alt, noch nähren zu können, und die Prinzen längst schon der Brust entwöhnt. Sie ging also hinaus und stand wie unentschieden, noch immer betäubt von dem lautlosen Anruf, der gebot, Auge und Ohr zu verschließen; sie spürte ihn als merkwürdige Starre, die auch dem Denken auszugreifen verwehrte, und so kam es ihr nicht in den Sinn, einen Trost der Untröstlichen zu versuchen, wiewohl sie doch bei deren Eintritt das einzig Richtige getan, da sie der Göttin des Blühens und Reifens einen Schemel aus Eichenholz statt des ehernen Throns zum Sitzen angeboten; ja es war nicht einmal ihre Neugier geweckt, dem genauen Hergang des Raubs nachzuforschen.

Und was hätte sie mit den Mägden zu schwatzen?

Es trieb sie, zu ihrem Jüngsten zu gehn.

Baubo, wir sagten es schon, hatte drei Söhne geboren: Triptolemos, der ein Rinderhirt wurde, wiewohl er sich zum Krieger berufen fühlte, Eumolpos, den Schafhirten mit der schönen Stimme, und Eubuleos, den Schweinehirten, einen frischen, verträglichen, fröhlichen Jungen, der um einen Scherz nie verlegen war. – Er hauste am Waldrand; sie traf ihn nicht an. – Sie entsann sich, daß seine Herde manchmal in der Blütenwildnis wühlte, nach Würmern und Larven und Engerlingen, an den Wurzeln des Farns und der Lilien. – Nun, die Blütenwildnis war gewißlich dahin, wie die Gerste und der Mohn dahin waren, vielleicht aber waren die Würmer geblieben und wenigstens die Schweine fanden noch Nahrung, da Rinder und Schafe schon schmachteten.

Baubo machte sich auf den Weg.

Sie ging durch eine wachsende Wüste; Knirschen und Knistern unter dem Fuß. – Die Blütenwildnis ein zerbröckelnder Teppich; nur fern, in unvermindertem Prangen, eine feuer- und finsterrote Blume, mehr Gesträuch als Blume und dennoch Blume, groß, vielköpfig, unbegreiflich üppig und unbegreiflich drohend zugleich. – Todkündendes Rot. – Daneben saß einer, den Baubo erkannte, wiewohl sie nur seinen Rükken sah; der immer Fröhliche hielt den Kopf in den Händen vergraben, und zu seinen Füßen klaffendes Schwarz. – Die Herde war verschwunden. – Baubo fand ihren Jüngsten dem Wahnsinn nahe, ausgezehrt und zum Schatten gemagert; er heulte leise in sich hinein, Versickern einer erschöpften Klage, die den Leib schon nicht mehr erbeben machte; er saß reglos, wie mit der Erde verwachsend, doch als Baubo, nach vergeblichem Anruf, sacht an seine Schulter rührte, schnellte er hoch, wie von einer Viper gebissen, und wand sich dann schreiend am Rand der Schlucht.

Diese Schlucht, Baubo hatte sie vordem nie gesehen; ihr entsproß auch die nie noch gesehene Blume, sie senkte ihre Wurzel in dies grundlose Klaffen, das so breit war, daß kein Pferd darübersetzen konnte; die Erde schien bis durchs Zwerchfell zerrissen; die Tiefe verlor sich in finsterster Nacht. – Unmöglich, diese Schlucht je übersehen zu haben, sie war nicht eine bloße Vertiefung im Boden, sie führte in ein anderes Reich. – Also war Kores Räuber nicht Zeus gewesen, wie

Baubo es anfangs zu wissen geglaubt, sondern der, dessen Namen man nur ausspricht, wenn man dabei den Kopf abwendet: der Schwarze, der Herrscher über die Schatten, Hades, der König der Unterwelt. – Wie aber konnte Zeus dies dulden? Demeter war seine Schwester, Hades beider Bruder, und man wußte, Zeus selbst hatte Kore gezeugt. – Oder war der Entführer eines der im Erdreich eingeschlossenen Ungeheuer, die Gaia ausgebrütet hatte und die sie nun wieder in ihrem Bauch trug, dies Gezücht der Drachen, Hydren und Schlangen, fünfzigköpfig und hundertbeinig, deren Abbild die Blume schien, prangend in allen Farben des Mords? – Aber wie hätte wiederum Hades geduldet, daß Solche durch sein Reich gefahren? Und sie hätten sich auch, diese Ungeheuer, niemals nur mit dem Mädchen begnügt, sie zögen jetzt, das Land zermalmend, als schnaubender Heerwurm zum Olymp, die Macht des verhaßten Einen zu brechen, der sie, die doch auch dazusein begehrten, in die finsterste Finsternis gezwungen, und Gaia selbst wäre die erste gewesen, die ruchlose Nachkomme zu entthronen, die sich als neue Hohe Mutter an die Stelle der Großen Uralten geschoben –: nein, der Räuber konnte nur Hades sein!

Baubo, all dies mehr wissend denn erwägend, kniete längst neben dem immer noch Schreienden; sie hatte ihn von der Schlucht weggewälzt und sprach nun leise auf ihn ein, in dem Singsang, in dem sie die Prinzlein beruhigt, wenn die aus Alpträumen aufgefahren; sie hielt seinen Kopf in ihrem Schoß und wiegte ihn und summte dazu, und allmählich wurde der Geschlagene ruhig, und schließlich schlief er für kurze Zeit ein. – Erwacht dann konnte er etwas stammeln, zwei Worte zumeist: »das Mädchen« – »der Schwarze«, und einmal schrie er: »Wo sind meine Tiere?«, und dann murmelte er: »hinab, hinab«.

Allmählich stückelte es sich zusammen: Kore hatte in der Blumenwildnis gespielt, mit Nymphen, auch mit Okeaniden, die vom Meer der schäumenden Wogen ins Meer der schäumenden Blüten geeilt. – Der Hirt war unbemerkt geblieben: in seiner Scheu, sich denen zu zeigen, deren Anderssein zu dem seinen er spürte, hielt er sich in gebührender Ferne, und auch seine Tiere witterten dies Andre und scharten sich hinter ihren Herrn. Der war – Baubo hatte daran keinen Zweifel –, wenngleich leiblich fern, mit den Blicken doch nah und mit seinem jähen Begehren auch. – Die Amme lächelte, da sie daran dachte; ihr Ältester, Triptolemos, wäre da nicht so zurückhaltend gewesen, aber so innigen Verlangens voll auch nicht, und der Schafhirt hätte sich zu den Mädchen gesellt und ihnen in aller Arglosigkeit zum Kränzewinden ein paar Lieder gesungen. Baubo kannte doch ihre Söhne; sie sah den Milchbart bäuchlings im Blühen, vor ihm eine freigebrochene Sichtbahn, und er voll Entzücken über die Holden, die, trotz ihrer maihaften Kleidung, zwischen den offenen Kelchen und Rauten das geheimnisvoll Verschlossene waren, doppelter Anreiz für den Späher, seine Verzückung durchzukosten.

Und dann jählings die Blume, aus heilem Grund noch, allein da begann die Zeit schon zu rasen und sich wohl auch zu überstürzen: das Aufschießen der Blume, das Aufjauchzen Kores, und schon liefen sie aufeinander zu, das Mädchen zur Blume, und die Tiere zur Blume, herauf die eine, hinab die vielen –: Die Tiere waren nicht zu halten; sie rannten, als habe ihr Herr sie gerufen, der wahre Herr, nicht der armselige Hirt. – Kore lief allein; die Gespielinnen verharrten, vielleicht war dies schon der herrische Anruf, sich nicht ins Tun dessen einzumengen, der da durch die Erde herauffuhr, wie diese Blume heraufgefahren, nach der Kore nun die Hand ausstreckte, aber da klaffte auch schon der Abgrund: zwei Rosse, der Lenker, in so strahlender Schwärze, daß es das Auge nicht ertrug. Der Schweinehirt sah nur noch seine Tiere, wie sie sich in den Abgrund warfen, hinab in die Spur des Aufgefahrenen, in wildester Wollust hinab, hinab. – Kores Schicksal vermochte er nicht mehr zu schauen, da brannten schon seine versiegenden Augen, er hörte nur noch das Entsetzen schrillen; und dann fand er sich am Rande des Abgrunds, in den Händen der Mutter, und konnte nicht sagen, wie er dorthin gekommen war.

Da ihr Kind nach diesem Gestammel sich weiter beruhigt zu haben schien, betrachtete Baubo die niegesehene Blume: langgezogne, Muscheln ähnelnde Kelche, zartschimmerndes Rosigsein nahe dem Boden, gestocktes Schwarzrot an der Spitze, die sich kronenartig wölbte, und dazwischen das Lokken und Drohen des Blutes, wie es hell aus den Wunden der Männer und dunkel aus der Wunde der Frauen quillt. – Ein herbsüßer Duft. – Die Blume war mannshoch, ihr Stengel schuppig und die Breite eines Handgelenks stark: undenkbar, daß sie so schnell erblüht war, sie war schon entfaltet durchs Erdreich gefahren, von einem unsichtbaren Panzer umgeben, der den härtesten Stein durchstieß. Baubo empfand eine schwellende Lust, Stengel und Blüten zu berühren; sie streckte die Hand aus, da sah sie die Wurzel: schuppig, smaragdschwarz und unverzweigt in die grundlose Tiefe sich senkend, und da, endlich zu sich gekommen, zog die Amme ihre Hand zurück, und plötzlich sah sie das Klaffen zur Gänze, als wäre sie in Höhen entrückt: muschelig, offen, der Schoß der Erde, als habe Gaia sich schamlos entblößt, die Ur-Alte, dem Ur-Abgrund verbunden, dem Tartaros, der Ur-Unterwelt, dem sie die Monstren der Kyklopen und das Monstrum Typhon geboren, Kinder, die sie freilich auch wieder verleugnet, ja gegen die sie zu Feld gezogen, mit den neuen Göttern, denen vom Olymp, ihren Ur-Enkeln, zu denen auch Demeter gehörte – da hatte die Alte in ihrem maßlosen Gebären den Verrat aus sich hervorgetrieben, wie sie, auch ohne zeugenden Samen, wahllos und wider jegliche Ordnung die wüstesten Geschöpfe aus ihrem Schoß warf, bis vom Olymp her die Neue erschien, dem Wachsen und Reifen sein Maß zu setzen – und da, angesichts des offenen Schoßes der Erde, wußte Baubo, wie Demeter zu trösten war.

Sie wußte es freilich erst ganz tief innen; im Bewußtsein war noch nicht einmal ein Ahnen, nur ein heftiger Drang: Zurück in den Palast! – Vorher, und noch da sie die Blume betrachtet, wollte Baubo ins Haus ihres Jüngsten, wo immer ein Plätzchen für sie bereitstand; nun trieb es sie in den Palast zu-

rück, wiewohl sie nicht hätte sagen können, was sie dort zu tun gedachte, gesetzt überhaupt, man ließe sie ein. Ganz dumpf war auch Furcht da vor diesem Zurück, aus dem langsam sich formenden Ahnen wachsend, es werde ein Tun von ihr verlangt, weit über ihre Kraft hinaus; und was geschah, wenn das mißlang, von dem sie vorerst nur fühlte, *sie* müsse es tun? – Seltsam, dieser Gedanke war von allen zuerst da, als Bild, das plötzlich ins Auge schoß: Sie sah sich in der Halle stehen, vor der Göttin, die sie unwillig ansah, um dann, mit einem strafenden Zucken der zornig verdichteten Augenbrauen, die Zudringliche zu verwandeln, in eine Ratte oder in eine Eidechse, fleckig, nackt und stets auf der Flucht. – Dennoch trieb es sie in den Palast. – Sie wandte sich zu ihrem Jüngsten und schauderte: Der Schatten der Blume lag auf seinem Gesicht, und in diesem Schatten erschien es wie Eisen, schwarz, grausam, fratzenhaft und wüst. – »Steh auf!« rief sie; er torkelte hoch. – »Komm!« sagte sie, und er trat zu ihr, und da sah sie erst, wie ausgezehrt er war.

Sie legte ihren Arm um seine Schulter.

»Meine Tiere«, stammelte er, »meine Tiere!«

»Sie sind unten«, sagte Baubo, »bei ihm.«

Jetzt endlich begriff auch Eubuleos. – Sie, die er »meine Tiere« nannte, gehörten ihm nicht als Eigentum, sie waren ihm anvertraut, daß er sie weide; bisweilen verlangte man eines als Opfer, und er wußte, wem dies Opfer galt: den Nächtigen, den hetzenden Schwestern, die den Frevler gleich zischenden Schlangen jagen, oder Hekate und ihrem unholden Schwarm, den Hexen und mächtigen Zauberinnen, und vor allem dem Zeus der Unterwelt, dem, dessen Namen man nur ausspricht, wenn man dabei den Kopf abwendet.

Eubuleos wandte den Kopf ab.

»Hades?« flüsterte er.

Baubo nickte.

Sie schritten langsam zum Wald zurück, dem nun, nachdem sie ihr Grün verloren, die Blätter und Nadeln wie Schuppen abfielen, ein schmutziggrauer, stäubender Schleier, der raschelnd um sterbende Stämme wallte. Eubuleos ging durch das verdorrende Land, als nähme er die Verheerung nicht wahr; das Verhängnis schien ihn nicht zu berühren, er fragte nichts und sagte nichts, er wankte dahin, an der Schulter der Mutter, die ihn ihrerseits führte, ohne etwas zu erklären, und da sie wer weiß wie lange so ging und schwieg und sich in den Palast hinein dachte, in ihr immer mehr sich verdunkelndes Müssen, kam es ihr plötzlich in den Sinn, daß Demeter von dem Raub noch nichts wisse und wohl der Überzeugung sei, ein wildes Tier habe Kore verschlungen. – Gewiß, das Mädchen war unsterblich, aber das schützte sie nicht davor, von wilden Tieren gefressen zu werden, sie würde erst nach deren Tod unversehrt dem verwesten Stoff entsteigen, oder müßte vorher ausgespien werden, oder sonstwie aus dem Leib gestoßen: auch das sterbliche Leben hat seine Macht. – Unsterblichkeit machte auch nicht gefeit gegen ein Versinken in Moor und Seen, darinnen man dann gefangen saß, gegen ein Entführtwerden durch rasende Winde, gegen betäubende Stürze oder geheimnisvollen Zauberschlaf. – Demeter, so dachte sich's Baubo mit dem sicheren Zugriff der erfahrenen Amme, Demeter hatte den Aufschrei gehört und war durchs Land geeilt, Kore zu suchen, und hatte gefragt und um Auskunft gefleht, fassungslos erst, dann ratlos, dann kopflos, doch alle Befragten hatten nur angstvoll die Schultern gezuckt und hatten geschwiegen, auch Eubuleos, wie es sich jetzt erwies. – Ja, jemand wäre wohl zu ihm getreten und hätte nach dem Mädchen gefragt, gestand er aufs dringende Forschen der Mutter, ja doch, eine Frau wohl, in schreiender Eile, weiter erinnere er sich nicht, nur eben, daß sie wie ein Stier geschrien, und dann noch, daß sie über den Abgrund gesprungen, als wäre der nur einer der Gräben, die ein Eber ins Erdreich wühlt.

Dies also, dachte Baubo, müsse sie tun: der Göttin den Namen des Räubers melden, doch kaum, daß sie diesen Vorsatz gefaßt, schrak sie auch schon vor ihm zurück. Es war nicht so sehr jener lautlose Anruf, der sie ihren Plan so brüsk abschlagen hieß, es war ein Erwägen ganz anderer Art: Wenn Demeter den Namen des Räubers erfuhr, würde sie in die Unterwelt eilen oder zu Zeus auf den Olymp, da wie dort sich in zähe Händel verwickelnd, in Zwiste, Verhöre, langwierige Prozesse, und indessen starb auf der Erde das Leben, weil der Wald starb, der letzte Hüter des Grüns. Noch waren die Moose nicht vertrocknet; zerstäubten auch sie, war das Ende da. Also müßte man Demeter trösten, ohne ihr das Geschehene zu berichten, was hieß, ihr ebenden Trost vorzuenthalten, nach dem sie stumm so haltlos schrie. Aber wäre dies wirklich ein Trost, die einzige Tochter beim König der Schatten zu wissen? — Baubo war verwirrt wie nie. — Sie hatten jetzt den Waldsaum erreicht; Eubuleos strebte nach Hause; die Mutter ließ ihren Arm von ihm, hier konnte ihm kein Leid mehr geschehen. Rechter Hand ging der Pfad zu des Jüngsten Hütte; Baubo sah ihrem Sohn nicht nach. Fern hoben die Tiere zu heulen an, Rehe und Wölfe, Hirsche und Bären, voll Todesangst in dem kahlen Grau unter der unbarmherzigen Sonne.

Baubo eilte in den Palast.

Sie riß die Tür auf, es wehrte ihr keiner, und was sie sah, entsetzte sie so, wie es sie anwiderte und empörte: Da lagen sie winselnd auf dem Boden, lebendige, blutdurchpulste Menschen, lagen da, als ob sie Leichname würden, die Haare zerrauft, die Brüste zerfleischt, graue Asche gleich getrockneter Trübsal über ihre Leiber gestreut, und dies vor der Göttin des Blühens und Reifens, der Großen Mutter der Fruchtbarkeit. — Es war ekelhaft, einfach ekelhaft. — Was Baubo erblickte, war das schlechthin Obszöne, das, was die Natur der Gottheit beleidigt, in deren Bannkreis man sich bewegt. — Sie hätte in den Hades gepaßt, diese Trauer; hier war sie schmutzig, weil am unrechten Ort, eine Besudelung wie diese wimmernden Bitten, die einzig nur bewirken konnten, daß die Göttin sich tiefer in sich verschloß.

Sahn sie denn nicht, daß die Blühende versteinte?

Ach, sie preßten die Köpfe ja in den Boden, und ihre Augen starrten von Salz und Staub.

»Mütterchen«, rief Baubo mit schmeichelnder Stimme, in

der ein leises Schmollen schwang, gerade so viel, als Ammen sich vor der Herrschaft herausnehmen dürfen: »Mütterchen, Mutter, du Ewig-Junge« – und Baubo lüftete ihr Gewand und schürzte es bis über den Nabel –, »du Blühende, Schöne, sieh dir das an!« – Die am Boden hörten es mit Entsetzen; wiewohl sie doch schon hingestreckt lagen, schienen sie sich ob solchen Erdreistens zu ducken, und so hinderte keiner, was nun geschah: Baubo hob ihren Chiton hoch, das Leinenhemd, wie Frauen es trugen, schürzte es bis unter die Brüste, und: »Blühende«, sprach sie, »schau dir dieses Ding an«, und sie wackelte mit dem entblößten Bauch, schwang ihn, den dicken, braunfleckigen, faltigen, über den dicken, faltigen Schenkeln und schwenkte ihre Mitte vor den Augen der Göttin, beim Namen nennend, was sie da zeigte: diese Haare, und diesen Hügel, und diese Wülste, und diese Lippen, und diese Höhle, und diese Mündung, und über dem klaffenden Schlund diesen Stempel, der, bei jungen Frauen ein rosiges Knöspchen, bei ihr beinah als ein Daumenglied ragte, fleischiggrau nackt, ein wackelnder Wächter, und sie wiederholte: »Sieh dir das an!« Und da geschah es, daß die gramschweren Augen, die teilnahmslos schon zu erkalten schienen, zu sehen begannen, was Baubo ihr zeigte und was man im Alter doch ängstlich verbirgt: diese struppigen, spröden, weißgrauen Haare, diesen mürben Hügel, diese runzligen Wülste, diese gähnende vertrocknende Höhle und dieses nackten fleischernen Stempels ohnmächtig letztes Aufbegehren wider das Gesetz der Zeit, und Baubo, in den Blicken der Göttin fühlend, daß deren Augen sich erwärmten, ließ Bauch und Schenkel hurtiger tanzen, um ihr schrumpliges Leibloch, das sie noch spreizte, daß man sähe, wie tief hinab es dorre, und es war kein Makel in ihrem Tun, sie war auch jetzt nur die sorgende Amme, die weiß, welche Tröstung notwendig ist.

»Ach du süße, nie welkende Mutter«, sprach sie, »heiliges Schwellen, ewiges Reifen, sieh, so geht es uns sterblichen Weibern, die wir lebenden Leibs in den Tod hinein trocknen wie eine Weinbeere auf der Darre, aber darf es dem Grün und dem Blühen so gehen, deiner Welt, die jung ist, wie du es bist, Mutter« — und Baubo, im Wackeln schwer atmend und schnaufend, schüttelte ihr Haargestrüpp—: »Willst du wirklich dein blühendes Reich zu solch einer greulichen Ödnis verdammen? Sollen deine Wälder und Wiesen nie mehr ein Bett sein? Deine Gerste nie mehr sättigende Nahrung? Und dein Mohn nie mehr lösender Schlaf?«

Und sie setzte, alles wagend, in unverschämtem Schmollen hinzu: »Hör mal, das kannst du doch nicht mit dir machen!«

Denen am Boden verschlug es den Atem; sie waren, nun den Fluch der Gottheit auf ihr eigenes Haupt und Haus erwartend, nicht einmal mehr zu flehen fähig, so daß man das Stäuben der Blätter hörte und das Heulen der todbangen Tiere, und die Göttin sah über Baubos Schultern durch das offengebliebene Tor und sah ihre Welt ins Sterben gestürzt, und sah wieder dies Ding, das die Alte ihr zeigte, und sah es voll Rührung, ein drolliges Schmachten und zugleich ein ungeheueres Zeichen, und spürte, ein wenig die Glieder lösend, die süße Vollkommenheit ihres heilen, göttlichen, nie alternden Leibes und spürte im Verlangen des Schwellens auch das Schwellen ihres Verlangens und fühlte ihre Brüste sich straffen und spürte wieder Blut und Begehren, und da trafen sich ihre Blicke, Blick der Sterblichen, Blick der Göttin, beide einer Mitte entstammend, und Baubo sah in den unsterblichen Augen den Schimmer eines Lächelns erblühen, in dem die Welt genesen konnte, und da lächelte auch sie, wie Ammen halt lächeln, wenn ihnen ein schwieriges Werk gelungen, und in diesem Lächeln war sie schön.

Sie war schön, wie sie nun dastand, die Altgewordne; das Lächeln strahlte aus ihrem Leib: dem schmollenden Mund, den gewaltigen Brüsten, die der geraffte Chiton verdeckte, dem nackten, dicken, noch wackelnden Bauch, den nackten, dicken, massigen Schenkeln und dem nackten sehnsüchtigen Geschlecht, das sich wehrte, dem Gesetz der Zeit zu erliegen, dem es doch schon erlegen war, und nun geschah das Ungeheure: Baubo spürte, wie ihre Höhle sich füllte, was trocken starrte, begann zu schimmern, geschmeidig, in allesbelebender Feuchte, und die Alte spürte, daß sie empfing und gebar. Es regte sich in ihrem Schoß, nicht ihr Verlangen, ein anderes Wesen, das in ihr da war und wuchs und ans Maienlicht drängte, in dem die Große Mutter saß. Ihr Bauch verwehrte Baubo, alles zu sehen, was da unten mit ihr vorging, doch da sah sie's in den spiegelnden Augen Demeters: Ein Knäblein war da, tief in ihrem Schoß, sie spürte es zappeln und spürte es strampeln, und das Knäblein streckte die Hände ins Freie und griff in das dichte buschige Haar und zog sich daran ein Stückchen näher dem strahlenden Blick der Göttin zu, so daß nun sein Köpfchen an den Tag trat, ein samtäugig lugender Lockenkopf mit Spitzbubenlippen und stupsiger Nase, die sich rümpfte, als ob sie niesen müsse in diesem Staub aus Asche und Trübsal, und da lachte die Göttin, ein Schneeglöckchenlachen, ein Veilchenlachen, ein Pfingstrosenlachen, schallend, daß Halle und Wald erbebten, und jetzt wußte Baubo den Namen des Knaben: Iakchos war da, das göttliche Kind, von jeder Mutter aufs neue geboren, das Kind Demeters und nun das Kind Baubos, und dereinst auch einmal das Kind Kores, und zugleich der Gott, der auf einem Schiff fährt, darauf Wein wächst und der Panther mit Schafen spielt.

Iakchos war da, und Iakchos war ein Knabe; er griff nach dem daumengliedgroßen Stempel und schaute ihn an und streichelte ihn und schnalzte fröhlich mit der Zunge und begann dann wie an einer Brust zu saugen, und Demeter saß von Lachen geschüttelt, und ihr Lachen durcheilte Felder und Wiesen, und siehe, was gilbend war, ergrünte, und das Lachen benetzte die rissige Erde, und aus ihrer Feuchte sproß Korn und Gras.

Die am Boden hörten Demeter lachen, ungläubig zuerst, dann in jäher Hoffnung und schließlich in demütiger Gewißheit, ihr Flehen habe die Göttin erweicht, bevor deren Trauer die Welt zerstörte. Langsam erhoben sie sich vom Boden, stückweis, erst den Kopf, dann die Brust, dann die Knie, zuletzt wagten sie den Blick zu erheben und sahen gerade noch diese schamlose Alte ihren Chiton über die Blöße streifen; das Knäblein sahen sie schon nicht mehr. Iakchos war fort, wie er angekommen, in stiller, verzückt sich sammelnder Jähe, doch auch Demeter war nicht mehr im Saal, sie war hinausgestürzt, ihre Geschöpfe zu grüßen, und da sah sie im jauchzenden Grünen und Blühen Triptolemos, den Rinderhirten, der eigentlich Krieger werden wollte und Herz und Geist eines Kriegers besaß. Sie sagte nichts; ihr Blick genügte, und Triptolemos, vor der Göttin erschauernd, gehorchte in dem Maß, wie er Eroberer war.

Drinnen säuberte man indes die Halle, die Mägde waren hereingerufen und wuschen und schrubbten die Asche vom Estrich und von den Leibern der Flehensgemeinschaft; die Frauen begannen ihr Haar zu strählen und salbten die zerfleischten Brüste, und die Männer ordneten Wurf und Falten ihres zerknautschten Wollgewands. Die Knechte eilten ins Vorratsgewölbe und kehrten unter Lasten keuchend zurück; die Tafel begann sich gewaltig zu füllen, Gerstenbier in irdenen Krügen, und was sich an Fleisch und Früchten fand. Dann streckten sie, die vor den Tischen harrten und vor Hunger fast so wie vor Glück vergingen, betend ihre Arme aus und luden die Mutter in ihre Mitte, und siehe, Demeter betrat den Saal, hochaufgerichtet, leuchtenden Leibes, das Haar gelöst und die Wangen glühend, sie atmete in heftigen Zügen, und auf dem Rücken ihres Gewandes, das eine gerstenrötliche Borte umsäumte, klebte Erde des dampfenden Felds.

Der eichene Sessel, das Widderfell.

Die Hohe nahm Platz wie auf einem Thron, die Königin Metaneira zur Linken, den Waldkönig Keleos zur Rechten, und irgendwo bei dem Knechtsvolk Triptolemos.

Welch ein Festmahl!, zweiundzwanzig Gänge; der Schafhirt Eumolpos sang all seine Lieder, dann bot man der Göttin das Gastgemach und bat sie, den Sommer über zu bleiben, allein da drängte sich Baubo heran und flüsterte in Demeters Ohr; sie erzählte, was ihr Jüngster berichtet, und die Göttin fuhr hinauf zum Olymp. — Zwei geflügelte Schlangen trugen sie. —

Was dann droben geschah, ist wohlbekannt: Zeus hatte von dem Raub gewußt; er hatte Kore dem Bruder zugestanden und ihn frei gewähren lassen, und nun gestand er der Schwester zu, Kore wieder zu sich zu holen, vorausgesetzt, die Jungfräuliche habe drunten jegliche Speise verschmäht. – Sie hatte es nicht. – Sie war Persephone geworden, sie hatte von einem Granatapfel gegessen und war nun die Königin über den Schatten, thronend zur Linken des finsteren Hades, und man weiß, wie die Affäre ausging: Ein Drittel des Jahres weilt Kore unten, gnadenlos grausame Herrscherin, finsterer noch als ihr finsterer Gatte, dann steigt sie, unschuldsfrohes Mädchen, auf einem Wagen mit schneeweißen Rossen zu ihrer Mutter ans Licht empor.

Doch das ist, wie gesagt, schon eine andre Geschichte; Homer, der blinde, göttliche Sänger, hat ihr einen großen Hymnos gewidmet, und sie wurde nach ihm dann noch oft erzählt. Was man kaum weiß, ist die Geschichte derer, ohne die unsre Welt zu Asche gebrannt wäre, deren Namen jedoch fast niemand mehr kennt. – Man wußte ja von Anfang an nicht, wem man die Tröstung Demeters verdankte, oder besser: man wußte es falsch. Man pries da vor allem Metaneira, die Zarte, die sich am flehentlichsten die eigene Brust mit den Nägeln zerkratzt, und natürlich König Keleos, den zu rühmen es keiner Begründung bedurfte. Baubo zu danken, daran war nicht zu denken, es wäre als blanker Hohn erschienen – sie hatte doch die Göttin vertrieben, da sie in lästigster Zudringlichkeit nach dem Festmahl ihr etwas ins Ohr geflüstert, vielleicht Verleumdungen, vielleicht Lästerungen, jedenfalls solcherart Frevelhaftes, daß die Hohe davongestürzt war, um nie wieder das Waldkönigreich zu besuchen; und zuvor hatte diese Amme mit ihrem schamlosen Gebaren das Flehen der Hohen beinah unwirksam gemacht. – Schamlos nicht, daß sie sich entblößte, sondern Häßliches entblößte; schamlos nicht das nackte Geschlecht, sondern das nackte Altgewordne, schon der Nacktheit des Todes verwandt. – Beim Mahl hatte man sie noch geduldet, es stand ja im Zeichen von Versöhnung und Freude, und vielleicht hätte man ihr sogar verziehen, doch nach dem Weggang der Göttin verstieß man sie, und sie hatte dankbar zu sein, daß sie nicht gesteinigt wurde.

Sie ging nach der Hütte ihres Jüngsten, diesmal um dort für immer zu wohnen, auf dem Altenteil, das für sie bereitstand, allein Eubuleos, schwarz im Gesicht, war der Schrecken seiner Umwelt geworden, er lauerte den Mädchen auf und sprang sie an und warf sie zu Boden, und als die Männer anrückten, ihn mit Keulen zu züchtigen, rannte er zu der blutroten Blume und schrie in den Abgrund, daß Hades ihm helfe, der Gott, der ihm das Vorbild gegeben und der ihm die liebe Herde geraubt, und da er also rechtend schrie, riß ihn eine unsichtbare Hand in die Tiefe, und mit ihm fuhr auch die Blume hinab. Nun hütet er drunten des Königs Schweine, und man raunt, daß die finstere Königin ihn mit ihrer Gunst beglücke.

Baubo ging zu Eumolpos, dem lieblichen Sänger, aber der verschloß ihr die Tür; er wollte weiterhin an der Tafel des Königs singen, und dies Amt vertrug solche Mutter nicht. So wollte Baubo zu ihrem Ältesten gehen, dem Rinderhirten Triptolemos, allein der wanderte schon durch die Lande und versuchte Demeter wiederzufinden, auf dem Bett der Wiesen und Felder, und man sagt, daß ihm das noch einmal gelang und daß die Göttin ihn mit dem Pflug beschenkte, der damals den Menschen noch unbekannt war. So hauste Baubo allein im Wald und war bald als Hexe verschrien, die alte, häßliche, schamlose Vettel, begierig, alle guten Werke zu stören, Segen in Schaden zu verkehren, die Milch in den Eutern versiegen zu lassen, mit Hagel und Hitze das Korn zu vernichten, unschuldige Knaben zu verderben und Jungfraun vom rechten Pfad abzubringen, und da sie nun einmal als Hexe galt, beschloß sie endlich, das auch zu sein. So lief sie denn mit Hekate mit, der ruchlosen, schwarzen Zauberin, von der keiner mehr zu wissen wagte, daß auch sie, die nachts zwischen Grabsteinen umging oder heulend über die Kreuzwege hetzte, eine Tochter der Demeter war, ja vielleicht Demeter selbst.

Allein auch aus diesem furchtbaren Schwarm verlor sich

mit der Zeit Baubos Name, der nichts Andres als »Bauch« bedeutet, würdig zwar ihrer Schamlosigkeit, aber zugleich doch auch viel zu alltäglich, um in der Erinnerung zu bestehn. Nur die Musen wußten von ihrem Verdienst und sagten davon dem Sänger Orpheus, daß er bewahre, was Wahrheit war. Von seinem Gesang sind nur Fetzen erhalten, doch einer dieser Fetzen erzählt von der Alten, die »Bauch« hieß und ihren Bauch entblößte, wie eine Statue Roms es dann zeigt. Jahrhundertelang blieb Baubo vergessen, erst Goethe hat ihr wieder ein Denkmal gesetzt: Sie führt, nackt auf einer Muttersau reitend, die Hexen auf dem Blocksbergflug an.

Wer sich als Faust fühlt, fliege ihr nach.

(1984)

Nephele

Apollodoros, Epitome I/20
Pindaros, 2. Pythische Ode

Nephele war jene, die geschaffen wurde, damit Ixion sie umfange, und Ixion war jener, der sich überhob, Hera, die Gemahlin des Zeus, zu begehren. – Seine Geschichte ist geendet; die der Nephele endet nie.

Ixion war König der Lapithen, eines rauhen, ungebärdigen Volkes im Nordosten Thessaliens, das in unaufhörlichen Abwehrkämpfen mit südwärtsdrängenden Stämmen stand. Sein Ahnherr war der Kriegsgott Ares, sein Vater König Phlegyas, der berüchtigte Niederbrenner der delphischen Heiligtümer Apollons. – »Phlegyas« heißt »Feuerbrand«, also wütete der Alte unter seinen Feinden, also verheerte er ihre Lande, und wie ein wüstes, gelblohendes Feuer sprang seine grausame Sinnesart, die er von Ares empfangen hatte, auf seinen Leibesproß Ixion über.

Eines Tages, beim Verfolgen einer Räuberbande durchs Gebiet eines entlegenen Bergkönigreichs, das nicht länger und breiter als ein Tal war, geschah es, daß Ixion Dia erblickte, die Tochter des Königs Deioneus, »die vom Himmel«, wie ihr Name verhieß. So erblickte sie Ixion auch, da sie sich hinter Weiden wusch, mittags, im silbergrau rieselnden Regen, den blanken Leib im hängenden Rinnen, als strahle sie aus einer Wolke hervor. – Sie wusch sich völlig unbekümmert, ob irgendeiner sie betrachte, dann huschte sie in den Palast, und abends, vorm Mahl, sah Ixion sie wieder, in einem luftigen Umhang aus schneeweißer Wolle, darüber die Nacht des Haars und des Augenpaars. – Ixion ergriff ihre Hand; sie lachte. — »Die du von dem Himmel bist«, sprach er, und sie lachte wieder und sagte: »Ach, ich heiße nur so!«

In der Nacht sah Ixion sie im Traum, und im Traum fühlte er sich den Himmel aufbrechen, und eine betörende Silberwoge ergoß sich durch sein Schlafgemach.

Am Morgen bat er Deioneus, ihm seine Tochter zur Frau zu geben. — Sie war schon versprochen. — Ixion gedachte sie zu entführen, aber etwas an Dias Erscheinung, eine unbefangen gelöste Anmut, bewog ihn, von diesem Plan abzustehn; außerdem war seine Schar zu schwach. — So bot er Deioneus einen Brautschatz an, wie er einem Schwiegervater nie noch gezollt war, und reiche Ablösung obendrein für den abgeschlagenen Bewerber, und als er noch drei Eisenbarren zuschlug, köstliches, graues, schmiedbares Eisen, stimmte der Bergkönig schließlich zu. — Dia wurde nicht gefragt, doch der Wechsel des Bräutigams schien sie zu freuen, zumindest schien er sie nicht zu kränken; Endgültiges dazu wissen wir nicht. — Noch am selben Tag wurde Hochzeit gehalten und Hera, der Schutzgöttin der Ehe, eine makellose Kuh geopfert, ein ebenmäßig falbes Tier mit einem weißen Vollmond zwischen den Hörnern.

Die vom Himmel vollzog, was ihr Name verhieß, und sie hatte für diese Nacht, da der Mond voll ins Schlafgemach schien, auf der Erde nichts ihresgleichen.

Ixion ließ die Räuber laufen und fuhr mit Dia zurück in sein Reich. Sie zog voran, ein rollendes Leuchten auf dem fichtenschwarzen, düsteren Grund.

Die Lapithen warfen sich vor ihr zu Boden.

»Sie ist vom Himmel«, sprach Ixion.

Als er jedoch seine Burg betrat und sein Tritt über dem Schatzgewölb dröhnte, begann ihn sein Versprechen zu reuen, und als der Mond seinen Lauf erneute und voll wie zur Hochzeit das Bett überstrahlte, fand Ixion Dia zwar immer noch eines Raubes, des versprochenen Preises jedoch nicht so ganz wert.

Warum sollte er die vom Himmel Gestiegene nicht nachträglich auf Erden rauben?

Deioneus wartete auf den Brautschatz; er wartete durch den Sommer und Herbst und schickte allmonatlich Boten aus, das Verheißene einzumahnen, und die meldeten, zurückgekehrt, der Schwiegersohn sei noch nicht soweit; der Schatz, den er rüste, werde über die Maßen. — Im Winter dann war schlechtes Reisen. — Schließlich, als Weg und Steg aus dem Schnee trat, brachte ein lapithischer Herold die Nachricht, König Ixion bitte den Schatz abzuholen, der auf eigens gezimmerten Wagen bereitliege, sechs Wagen, zweiachsig und frauengemachsgroß, und jeweils von sechs Rossen gezogen, Dreingaben zu Silber, Gold und Erz. — Er überbrachte auch liebe Grüße von Dia: Die Königin, sprach er, brenne darauf, nach so langer Zeit ihren Vater zu küssen.

Dieser Gruß bewog Deioneus, selbst zu reisen; er hätte sonst, nicht ganz ohne Mißtrauen, eine Gesandtschaft ausgeschickt. So machte er sich denn auf den Weg, von seinen kundigsten Wagenlenkern begleitet, durch die fichtendüstren Gründe hinunter in die thessalische Ebene, der weither prangenden Burg entgegen, die in ihrem steinernen Ragen eher dem Herrschersitz eines Gottes als dem Haus eines Sterblichen glich.

Die Burg war von einer Doppelmauer umgeben; Deioneus durchfuhr die sich ihm öffnenden Tore, ein Stiertor zuerst, dann ein Sonnentor, beide aus riesigen Quadern gehauen. Am Hofrand stieg er, wie ziemlich, ab, auf seinen Gastgeber zuzugehen. — Er kam nicht weit. — Der kiesbestreute Weg, der zum Wohnpalast führte, gab jählings seinen Schritten nach, und der König stürzte in eine der Fallgruben, die unerkennbar getarnt anzulegen eine Meisterkunst der Lapithen war. Der Grubengrund war mit Glut bestreut; Deioneus verbrannte brüllend, und da Dia den Vater brüllen hörte, durch die Mauern des Palastes hindurch, verfärbte sich ihr schwarzes Haar. — Die Begleiter des Gasts wurden niedergestreckt, mit Pfeilen, im Engpaß zwischen den Toren; die Grube stand für sie als Grab da, und dies Grab und der Mund des fluchbrüllenden Königs waren rasch mit noch frischer Erde gefüllt.

Ein solcher Mord war ohne Maßen. – Daß ein König einen König erschlug, war alltäglich, doch dies war der Mord durch einen Sohn am Vater und durch einen Gastgeber an seinem Gastfreund, und keines der Völker der Hellenen, ja nicht einmal das der barbarischen Thraker, hatte vordem von solchem Greuel gehört. – Später spielte auch er sich ein. – Die Erinnyen, Rächer allen Frevels, fuhren, von den Flüchen aus dem Feuer beflügelt, auf der Stelle vom Hades herauf, und noch im Auffahren beschlossen sie, König Ixion mit Wahnsinn zu schlagen.

Sie trafen ihn auf dem Weg zu Dia, und da seine Krieger schon die Ebene durcheilten, die Schatzkammer des Deioneus in die des Ixion zu leeren. – Warum Ixion jetzt zu Dia ging, die geschmückt war, den Vater zu empfangen, den sie so innig erwartet hatte und der nun so schmählich ermordet lag? – Einfach, weil es ihn danach verlangte, so wie es ihn danach verlangt hatte, die Grube mit Kohlenglut auszulegen, eine müßige Grausamkeit. – Es hatte ihn danach verlangt, den frechen Anmaßling zu verbrennen; nun, da dieses Verlangen gestillt war, verlangte es ihn nach der vom Himmel, und also war er zu ihr auf dem Weg und sah nicht die drei, wie sie vor ihn traten, die drei schwarzen, graugewandeten Schwestern, rotgegürtet, Schlangen im Haar. – Tisiphone, mit einer Geißel aus lebenden Vipern, schlug dem Frevler über Stirn und Augen, der Geifer fraß sich in sein Hirn, und da sah er Dias Haar als Asche und ihre Augen als glühende Kohlen und fühlte all seine Glieder in Flammen und rannte auf den Hof und schrie nach Regen, doch der Himmel strahlte in reinem Blau. Allekto trieb ihre Schwester an, den Frevler zu peitschen, bis er sich ersäufe, doch Megaira dämpfte sie: Ixion solle den Wahnsinn leiden im vollen Bewußtsein, daß er litt.

Der Geifer, der schon im Hirn fraß, genügte, und täglich zur Stunde des Mordes ein Heulen, ihm ins Ohr, und das Zischen von Schlangen wie das Zischen von verbrennendem Blut.

Ixion wand sich in Qualen und wußte warum.

Reinigung von der Schuld hätte ihn geheilt, doch so viele Heiligtümer und Höfe der Sühneflehende auch besuchte und soviel er an Schätzen auch bot, Silber, Gold und Eisen in Barren, köstliches, graues, schmiedbares Eisen: keiner wagte, ihn zu entsühnen, sie fürchteten alle der Schwestern Rache; manche fürchteten auch einen neuen Betrug. Da flehte Ixion zu Zeus: Könne es wirklich einen Frevel geben, so mächtig, daß der Herr über Recht und Unrecht ihn nicht mehr aus der Welt zu schaffen vermöge? Sei der König des Olymps ein Knecht der schlangenhaarigen Schwestern, die in der stinkenden Unterwelt hausten? Werde Zeus nicht als Vater gerühmt, der den Menschen die Sühne gegeben, daß seine Ordnung der Welt sich immer wieder erneure — solle da ein Unentsühnbarer beweisen, daß diese Ordnung doch brüchig sei?

Zeus hörte dies Flehen mit Wohlgefallen; es verriet königlichen Geist, und außerdem hatte Ixion recht: ein Unentsühnbarer höhnte tatsächlich die Ordnung, die er, Zeus, über die Welt gesetzt. — Nein, die Erinnyen sollten seiner nicht spotten. — Also stieg Zeus vom Olymp hinunter und reinigte Ixion im Peneios, und das Blut von hundert weißen Schweinen wusch mit dem lebendigen Wasser des Stromes das Blut des Gastfreunds von Ixions Hand. Ja mehr: um für Alle ein Zeichen zu setzen, lud Zeus den Entsühnten an seinen Tisch.

Da saß Ixion nun und schaute Hera, und hatte für niemand mehr Augen denn sie.

Doch wir wollen ja von Nephele erzählen; wir konnten dies nicht früher tun, denn sie war bis dahin noch nicht geschaffen. Nun entstand sie, zunächst im Ratschluß des Zeus. Hera brauchte ihrem Gatten später nichts zu berichten; er sah, wie Ixion auf sie blickte: Sie war die, die wirklich vom Himmel war.

So, und nur so, sah er sie: Die vom Himmel.

Daß er der Irdischen dieses Namens, daß er Dia hatte einen Reiz abgewinnen können, der jäh Betörte verstand es nicht mehr, und er dachte auch gar nicht an die Ergraute: Die vom Himmel war hier und saß ihm gegenüber, und es gab keine außer ihr. – Was Ixion an ihr verzückte, war nicht ein Einzelzug ihrer Gestalt; er sah gleich einem Geblendeten nur einen glanzerfüllten Umriß, und der verfloß in einer Sphäre, die jene Blendende groß umgab, ja die so eigentlich sie erst war, wiewohl sie deren Gestalt nur umschmiegte. Der Einzelzug schwand vor einer Gloriole, die nicht die Summe dieser Züge, oder gar mehr als die Summe war; sie wuchs nicht aus einer Fülle von Formen, die ein nüchternes Auge trunken durchschweifte, sie war die Erscheinung von Vorgestelltem, eben: die Himmlische; eben: die Göttliche –: Die Idee hatte sich eines Körpers bemächtigt, und nun sah man den nur unter diesem Aspekt. – So sah denn Ixion die hoheitsvolle, erhaben thronende Gestalt, die rätselhaft erschimmerndes Fleisch war, und er sah noch die ebenmäßig vollen, sonnenhaft gewölbten Brüste unter dem elfenbeinfarbenen Umhang, doch er sah drauf nicht mehr die Mäanderbänder, die in schmalem dunklem Rot von der Kehle bis zu den Knöcheln flossen, von Saum zu Saum, wie zwischen den Küsten der Erde, merkwürdig erstarrtes Abbild der Adern ihres unsichtbar göttlichen Bluts. Er sah noch den zurückgeschlagenen Schleier, doch nicht mehr das kunstvoll geordnete Haar, wie es, den Mäanderbändern gleich, in Locken fallend ihr Antlitz umsäumte, makellos reifes, ewiges Jungsein: diese hohe Stirn, diese sanftrunden Wangen, diesen Mund, wie ein Granatapfel sich spaltend, und diese großen braunen Augen, weitoffen und mit dem feucht-feurigen Schimmer des Auges ihres heiligen Tieres, der Kuh. Er sah nicht dieses Antlitz, diesen Hals, diese Arme, die aus dem Fallen der Falten wuchsen, und diese ruhend tätigen Hände, die Schale und Becher ebenso hielten wie den Granatapfel ihres Ruhms. – Um sie geschlagen das Gold des Throns. – Ixion saß zwischen Hephaistos und Ares, ihrem kunstreichen und ihrem wilden Sohn, von dem das Volk der Lapithen stammt, doch es kam ihm, deren König, nicht in den Sinn, auch nur ein Wort an den Ahnen zu wenden: Er saß an der Tafel des Königs der Götter und trank Nektar und speiste Ambrosia, wie die Eine ihn trank und wie die Eine sie speiste, und Hebe trug ihm auf, aus dem Krug und der Schüssel, aus der sie auch der Einen auftrug, an die Ixion sich verlor. — Zeus sah es wohl. — Das zweite Mal dann zur Tafel geladen, ging Ixion nach dem Ende des Mahles nicht sofort wieder das Luftreich hinunter, im Betörtsein noch scheu und ganz wie im Traum; er verbarg sich vor des Zeus Schlafgemach, dem hohen, großverschlossenen Saal, und wartete, bis sie vorbeikam, die das Lager des Herrschers teilte — denn das eigentlich war es, wonach ihn verlangte: an des Höchsten ureigenstem Ort, und also dort, und also Zeus selbst zu sein.

Er hätte dies nie eingestanden und hätte nicht gelogen dabei: Was er dachte, war, daß ihn Sehnsucht verzehre —: diese Brüste und dieser Mund.

Er gestand Hera sein Begehren. — Die hielt ihn hin und entdeckte sich Zeus.

Der wußte es schon.

An diesem Tag wurde Nephele geschaffen, wiewohl Hera sich dagegen sträubte. Sie billige solche Täuschung nicht, sprach sie; die Vorstellung sei ihr unerträglich, daß sich ein Ebenbild von ihr selbstherrlich auf dem Olymp bewege; sie drohte, die Burg für immer zu verlassen; Zeus setzte seinen Willen durch. Er nahm von dem Stoff, aus dem Wolken sind, der Materie holden Offenbarens wie Verschleierns jeglicher Gestalt, und formte eine Erscheinung daraus, die in allem Hera glich: dieser Wuchs, diese Brüste, dieses Haupt, diese Arme, auch diese Haltung, dieser Gang, dieser Atem, nur daß sie eben Hera nicht war.— Die erblickte Nephele und schrie auf vor Empörung: Zeus habe sie zu einer Hure gemacht, dem letzten Tagelöhner feil, wenn es dem Trugbild da so gefalle.

Zeus lachte: »Ich kenne doch deine Treue!«

Sie spürte den Hohn in diesen Worten und spürte ihn voll eines Hasses, der seine Ohnmacht immer wieder erfährt: Zeus höhnte Hera ob ihres Treuseins, das ihr Wesen war, aber nicht das seine, und das doch das seine erst möglich machte.— So höhnt der Brand ein Scheit, das ihn nährt.— Sie konnte

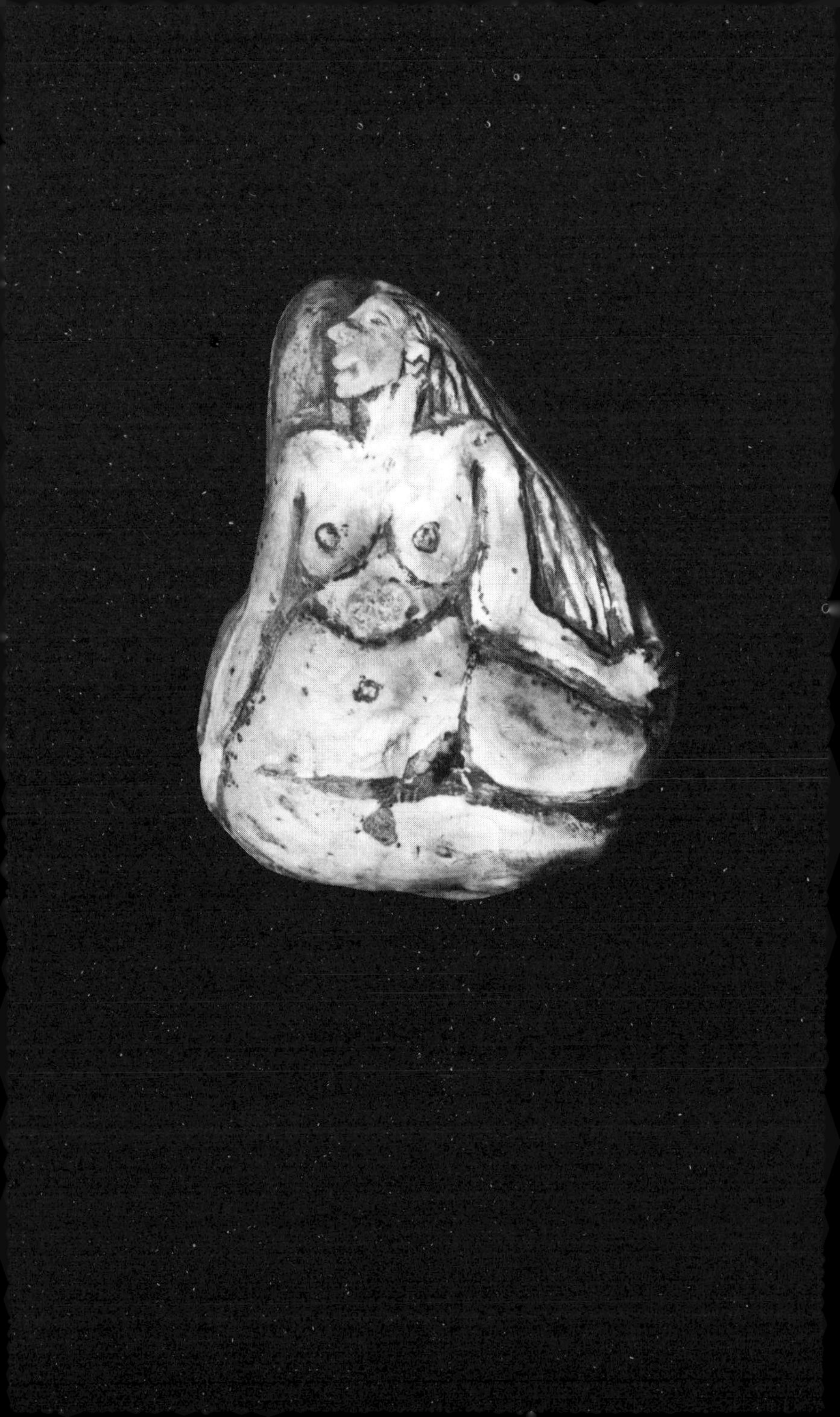

nicht anders, das wußte er; es war nicht Zwang noch Furcht, die sie führten, und also blieb er ihrer versichert, Bedingung seines freien Schweifens, das er, als der Herrscher, der Recht setzt und bricht, bedenkenlos, weil sein Gesetz ihn nicht bindet, sich auch für die Ehe ausbedang.– Er schützte den Eid und schwor selber falsch; er bestrafte den Treubruch und höhnte des Treuseins, wenn es sich auf ihn selbst bezog.– Einstmals hatte er Hera umworben, da war sie Herrin über Argos und Kreta, da saß sie auf dem Thron und er lag ihr zu Knien, und sie erkannte ihn als den Einen, mit dem sie erst vollkommen sie selbst war, was auch er mit ihr war, doch auf eine Weise, die sich ihrer Denkmöglichkeit entzog.– Später hing er sie über dem Tartaros auf, gefesselt, einen Amboß an ihren Füßen.

Aber beides war lange her, nun galt Hohn und Haß, und dazwischen die List.

Hera sah Nephele nicht weiter an, ihr lächerlich schamloses Spiegelbild, das geschaffen war, etwas zu vollbringen, das Hera nie zu vollbringen imstand war, wiewohl sie die heimliche Lockung danach manchmal wie das Ziehn eines Abgrunds fühlte.– Nun klaffte er auf, als Nepheles Gestalt.– Wäre Zeus nicht dazwischen gestanden, sie hätte sich auf diese Andre gestürzt, die Hera schien, ohne Hera zu sein, und – bestimmt, Heras tödliche Wünsche zu leben – ein Nichts gegen Hera und doch mehr als sie war.

»Es befleckt mich, auch wenn er mein Trugbild umarmt, und meine Befleckung entehrt auch dich«, sagte sie nach kurzer Überlegung, den Hohn ihres Gatten zu unterlaufen. Sie dachte, es wäre ihr gelungen, und Zeus stutzte auch, einen Augenblick, dann hörte er die Eifersucht, wie sie in Heras Worten aufscholl, die Eifersucht nie einzugestehenden Neides, und er wies, wieder lachend, auf Nephele: Ob die da, eine soeben geschaffene Wolke, über seine Ehre bestimmen könne, was – und da wurde er plötzlich ernst –, was doch nicht einmal die Schwestern vermocht!

Nephele stand da, die Erscheinung Heras, und doch ein

Wesen eigener Art.— Sie verstand nichts von dem, was die beiden sprachen; es war ein Gemurmel, Atemwind, und das Lachen des Mannes klang so erfrischend.— Sie kannte noch nicht einmal ihren Namen und nicht das eigene Gesicht, also konnte sie nicht erkennen, daß sie eine Spiegelung Heras war.— Sie fand sie schön, die da neben dem Mann stand, den sie sofort als Herrscher begriff.— Über Heras Rang dachte sie nicht nach; sie dachte überhaupt nicht nach: Was sie wissen mußte, war in ihr Wesen gegeben, das Weitere mußte Erfahrung setzen. Zeus hatte dem Wolkenstoff geboten, die Gestalt seines Eheweibs anzunehmen und dazu das Verlangen der Frauen, und so trug denn Nephele Heras Brüste, und Heras Haut, und Heras Schoß, jedoch das ungeweckte Begehren, das unruhig drin schlief, war das ihre, und also waren es ihre Brüste, und war es ihre Haut, und war es ihr Schoß.— Sie fühlte die Schöne als ihre Feindin, und Hera fühlte Nepheles Feindschaft, körperlich, als eine Art Krätze, und sie begriff jäh, daß dieses Geschöpf Zeus als Mann auf dem Lager begehrte. Der spürte, was zwischen den beiden vorging, die sein Wille noch unterwarf; diese Schlacht, aus dem Nichts hervorgebrochen, diese Schauer unsichtbarer Pfeile zwischen zweien, die sich ineinander spiegeln, und er war höchst belustigt darüber: ein Spiel, wie er es noch nie gespielt.— Wie mochte es enden? — Man würde es sehn.— Er stand da als Mitte zwischen zwei Wesen, deren eine der andern bis aufs letzte Haar glich und davon eine seine Frau war: Wenn er nicht, wie jetzt, eindeutig wüßte, wer die von ihm Geschaffene und wer die von ihm Geworbene war — könnte er sie dann unterscheiden? — Es verlangte ihn jäh, beide zu umarmen und beide auf sein Lager zu ziehn.— Er streckte gleichzeitig die Hände aus, die eine wie die andere zu berühren, und die andere drängte sich ihm entgegen, und die eine zuckte vor ihm zurück.

Hera wußte, wie sinnlos es war, Zeus an ihre Ehre zu mahnen, wenn er die seine nicht für angerührt hielt.— Könne, so hatte er lachend gefragt, eine Wolke ihm seine Ehre rauben, und nun hielt er die Hand dieses seines Geschöpfes, als suche er eine Liebeserfüllung, und Hera, Beobachterin wider Willen, sah es voller Ekel mit an.

»Diese Wolke da nicht«, gab sie, spät, zur Antwort, »aber sicher das Gerücht.«

Zeus fuhr auf: Was das heißen solle?

»Er wird«, sagte Hera, »vor den Sterblichen prahlen, die Gemahlin des Zeus umfangen zu haben, und die da unten werden ihm glauben, denn sie kennen die Wahrheit nicht.«

»Das wird er nie wagen!« erklärte Zeus.

Noch immer Nepheles Hand in der seinen, und nun seine Augen auf Heras Leib.

Hera ertrug seinen Blick nicht länger, diesen Blick lässig berechnender Kränkung, den er nur für sie verwandte, sie, deren Würde ihm dennoch widerstand.– Gut, diese Wolke war sein Geschöpf; mochte Zeus sie als sein Eigentum nehmen; sie würde sich an seinem Günstling rächen: Wehe Ixion, wenn er die Wolke umfing! Und da wünschte sie, daß er Nephele umarme, und daß er sie für Hera halte, und daß die Sterblichen es erführen, und daß ihr Lachen Zeus kränke; sie wollte es jetzt.

Zeugin mochte sie nicht mehr sein.

Sein Blick; sie hielt es nicht länger aus.– Sie wandte sich ab und ging nach Kreta, auf den Ida, ihr liebstes Heiligtum, wo sie auf dem Thron gesessen, da er vor ihr auf den Knien lag.– Zeus hielt sie nicht auf.– Nephele strahlte.

Da die Zeit des Mahles gekommen war, setzte Zeus Nephele an Heras Statt, und Nephele begriff mit all ihren Sinnen, daß sie tun mußte, was Zeus mit ihr tat. Sie wußte, daß er der Herrscher war, und sie sah, daß die Feindin das Feld geräumt hatte.– Sie thronte und speiste und sprach kein Wort.– Keiner der Götter merkte die Täuschung.

Zeus führte Nephele in ein Gemach, das seinem Schlafgemach glich, ohne es zu sein. Sie dachte, er werde sich zu ihr legen, doch er sagte lachend: »Warte noch!«

So wartete sie.

Zeus lud Ixion wieder zu Tisch.– Hera erfuhr es durch

ihre Botin, die Krähe, und eilte nach Thessalien, und die Krähe flog ihr voraus.

Ixion stieg den Olymp hinan, immer das Bild der Einen vor Augen, im Funkeln des Felsens, im Schimmer des Schnees, im Strahlen des Himmels, im Schaum der Wolken: Dieser Glanz und diese Gestalt! Er spürte keine Müdigkeit; von Zeus gekräftigt, stürmte er, ein Berghirsch, die unwegsamen Wege hinan und wußte: Heute würde sein Tag! – Schreiend ein Adler hoch über ihm.– In der Burg empfing ihn der Herr der Götter, und Nephele saß auf Heras Thron.

Warum Zeus dies alles so tat? – Einfach, weil es ihn danach verlangte.– Er spielte sein noch nicht gekanntes Spiel, das auf neue Art seine Macht offenbarte; und daß Hera gekränkt war, ergötzte ihn.– Er führte Ixion vor Nephele, und sie wußte, dieser Fremde war für sie bestimmt, doch sie wußte auch: hinter dem Fremden stand Er, der Eigentliche, das Ziel ihrer Wünsche, und sie wußte, was dieser Eine wünschte, und neigte sich strahlend Ixion zu. Dem brach das Verlangen aus den Augen: Dieser Schoß, den das Gewand noch verhüllte, indes es die Brüste schon ahnen ließ.– Sie tafelten stumm, die füreinander Bestimmten, und die Götter sahen es beklommen.– Zeus lärmte und lachte.– Apollon, als Einziger, sah die Täuschung, und sie widerte ihn an.

Dennoch blieb er an der Tafel.

Nach der Mahlzeit fügte es sich, daß Ixion mit der allein war, die er für die Gemahlin des Zeus hielt; sie führte ihn in ihr Gemach, und Ixion nahm es als Lager des Herrschers. – Der Stoff, aus dem die Wolken sind. – Ixion fühlte nur seine Begierde, und Nephele fühlte die ihre geweckt und, einmal erwacht, immer gieriger werden, aber sie fühlte sie nicht gestillt: nicht einmal Pan hätte dies vermocht. Sie fühlte, und immer heftiger, nur Leere, die offen war, zu schlingen und schlingen, und Ixion stieß in diese Leere, und war erschöpft, und nahm es als Glück.

Dann drängte er, rasch hinunterzugehn.

Sie bat, sich an ihn klammernd: »Bleib noch!« – Er machte

sich frei. – Schließlich flehte sie: »Komm wieder!«

Da sprach er: »Komme du zu mir, in meine Burg, und auf mein Lager!«

Sie wollte nicken und wagte es nicht; sie wußte nicht, ob es dem Herrscher genehm war.

Ixion sah ihre Augen brennen; einen Herzschlag lang dachte er, sie zu rauben, da spürte er jählings einen Schauer, spürte ihn als die Ohnmacht seines Erschöpftseins, und da ahnte er, daß er sich überhob.

Es war nur dieser Augenblick.

Er wandte sich um und verließ das Gemach. – Die Burg lag still, wie unbewohnt, nur Hermes erwartete ihn am Tor, den Gast des Königs durchs Luftreich zu tragen. Er legte seinen Arm um ihn, und der Irdische fühlte sich schwerelos. – Sie glitten dahin; ein paar seufzende Wolken. – Drunten Thessalien, träumend im Abend, und die ragende Königsburg. Er wollte über sein Land schreien, daß er Hera besessen; er wollte es den Wolken zurufen, die schleierfüßig vorüberhuschten; er wollte es wenigstens Hermes sagen, leichthin, nebenbei, im Plauderton, allein er fühlte die Ahnung des Schauers und behielt sein Glück als Erinnerung.

Hermes lächelte; die Wolken zogen. – Ixion schloß die Augen und sah die vom Himmel.

Hera war indes zu Dia getreten, unsichtbar, und hatte sie angehaucht, und dieser Hauch aus dem Mund der Göttin ließ das ergraute Haar wieder prangen, Farbe und Verheißung der Nacht, und im Schoß reifte, jäh gewachsen, ein Sproß. Dia war selig, da sie ihn fühlte und an sich hinuntersah: die so heiß ersehnte Wölbung des Leibes. Zwar hatte, auch als sie grau geworden, Ixion noch manchmal auf ihr gelegen, und sie hatte ihn ertragen, wie er etwas vollzog, das nicht Liebe war, nur das heftige Drängen seines Fleisches. Mehr noch, sie zog daraus eine Hoffnung –: nach dem Tod ihres Vaters und dem Erkalten des Mannes als letzten noch möglichen Halt: einen Sohn. – Nun, da sie sich schwanger wußte, lief sie zum Spiegel und sah ihr Haar schwarzprangend wie je, und da wußte sie, wem sie das Wunder verdankte, und sie hob die Arme zum Himmel und fühlte die Schwere ihres Leibes und dankte Hera im innigen Glauben, daß ihr Bund mit Ixion neu begann.

Der erwachte vorm Stiertor der Doppelmauer; Hermes hatte ihn bis dorthin geleitet, und als Ixion die Mauer durchschritt, stand, hinter dem Sonnentor, Hera vor ihm, verschleiert und bis zu den Knöcheln verhüllt, nicht einmal die Arme lagen bloß, doch es konnte keine Täuschung sein. – Sie stand und schwieg; um sie Ixions Burg, im Vollmond glänzend wie das Gold ihres Thrones. – Ixion empfand sie betörend wie nie, und er fand sich, wach im Rausch nüchternsten Traumes: So rasch war sie seinem Wunsch gefolgt, und nun fror sie im Übermaß ihrer Entscheidung, für ihn, den Sterblichen, den von der Erde; und mit einmal erkannte Ixion, daß er Nektar getrunken und Ambrosia gegessen, und also unsterblich geworden war wie jener, den sie verlassen hatte, um –

Ixion wagte nicht, weiter zu denken.

Sie stand auf dem Kiesweg, an der Stelle, darunter Deioneus verbrannt war. – Die milde Beharrlichkeit des Monds. – Ixion zitterte vor Verlangen, allein er wußte sich erschöpft und wagte nicht mehr, sich der zu nahen, die in der raunend aufziehenden Nacht stand; er war plötzlich zu befangen, auch nur sprechen zu können, zu betroffen von seiner unfaßbaren Entdeckung, zu irdisch noch in der Langsamkeit, mit der er aufnahm, was ihm geschah. Er hatte Hera geboten zu kommen; er hatte sie nur bitten wollen, es war unversehns ein Gebieten geworden, und ein Schauder hatte ihn angerührt, daß er sich mit dem Gebot überhebe, und nun stand sie vor ihm, vor dem Gebieter, die Gattin des Zeus, und sah ihn voll Verlangen an, den noch Irdischen, doch nicht mehr Sterblichen: Ixion brauchte alle Kraft, diesem Blick nur standzuhalten. – Er hielt ihm stand; doch er war nicht mehr fähig, ihr einen Schritt entgegenzugehn. Da hob Hera ihre Hand aus dem Umhang, doch nur, ihn noch dichter um sich zu raffen; sie stand als ungeheures Zeichen im Hof der atemlos schweigenden Burg, und Ixion sah nur noch ihre Augen, brennend und groß und geheimnisvoll schimmernd, und dann stand er plötzlich allein.

Er begriff: Ihr war unten noch kein Lager bereitet.

Daß alles so schnell ging!

Er mußte sich ändern: schneller als das Schicksal sein!

Er stürmte in Dias Schlafgemach; die fragte nicht, woher er jetzt komme, was sollten sie die Sklavinnen kümmern, mit denen er sich die Zeit vertrieb, irdische oder vielleicht auch welche vom Himmel; sie wußte, daß Zeus ihn zur Tafel lud, doch nun hatte sie Heras Gunst empfangen und fühlte sich gleichen Ranges wie er. Sie wartete sehnsüchtig auf sein Erstaunen, sehnsüchtig, doch auch im Herausfordern nicht zaghaft, indes Ixion, noch über der Schwelle, ermaß, wohin er die Lästige schaffe: zu den Sklaven; oder ins Schattenreich. Dia wurde ungeduldig: er mußte doch sehn, was mit ihr geschehn war; hatte ihm das Entzücken die Stimme geraubt? – Sie sagte ein Wort in ihrer Sprache, das nur eine Silbe war und dennoch nahe am Wunderbaren und ein wenig spöttisch zugleich, und dabei hob sie sich ihm entgegen, ihr Haar schwarz im Mond, ihr gerundeter Leib.

Ixion sah nur zwei brennende Augen.

Dia, in ihrer unbefangenen Art, sagte: »Na!« und spreizte ein klein wenig die Beine.

»Fühl, ich bin schwanger!« sagte sie.

Da, plötzlich, sah Ixion Dias Verwandlung und hatte nur eine Erklärung: Zeus. – Dia war nicht schwanger gewesen, sie hatte noch vor einer Woche geblutet, und nun diese Rundung und dies prangende Haar: Ixion hatte keinen Zweifel, daß, indes er Hera umarmt, deren Gatte seine Gattin umfangen. Dia, die Irdische, Bett um Bett, und als Besiegelung einen Sohn.

Darum also im Olymp: kein Argwohn, kein Wächter, und der Gast so lange mit der Königin allein.

Weiberfleisch um Weiberfleisch.

So sah es Ixion in seiner Verblendung, und er nahm es als Kumpanei, die den irdischen und den himmlischen König auf die gleiche Stufe des Ranges stellte, zwei Unsterbliche im Austausch der Lust. Ihm war keinen Augenblick bang vor der Wahl: Sollte Zeus sich an Dia halten; er, Ixion, fand in Hera sein Glück. Freilich, verstoßen durfte er Dia nun nicht mehr, er würde sie ins Gastgemach betten und das wie einen Frühling erblühen lassen, mit Kränzen aus Eichenlaub und Oliven und einer Pforte aus purem Gold, wenn der andere König durchs Sonnentor schritte, über den Hof, den Kiesweg hinauf; und da sah Ixion den Hof, und den Kiesweg, und eine unsichtbare Grube, deren Decke dem Tritt des sich Nahenden nachgab, und ein Gast stürzte wieder in die Glut.

Ein Spukbild, doch es mußte etwas bedeuten; hatte Hera es ihm gesandt? – Wünschte sie, vollkommen frei zu sein, nicht nur im freien Spiel des Tausches? – Eine Grube; Glut nicht, er war nicht zu verbrennen, aber ihn in Haft zu halten konnte nicht unmöglich sein – hatten nicht Otos und Ephialtes den grimmigen Ares über ein Jahr in einem Behältnis verwahrt gehalten, in dem man den Kot zum Wegkarren sammelt? Hatte Hera nicht in Ketten gehangen? Hatte Apollon nicht als Knecht gedient? War Zeus nicht selbst in Banden gelegen – warum sollte er nicht in der Grube schmachten, bis – ? Ein Spukbild; vorbei. – Ixion stand noch immer über der Schwelle und betrachtete den runden Leib Dias; sie war ein würdiges Angebot, er brauchte sich ihrer nicht zu schämen. – Er begriff, daß er jetzt etwas sagen mußte. – Er wisse, sprach er, daß sie schwanger von Zeus sei – und, nach einer winzigen Pause: »Ich habe indessen mit Hera geschlafen, und vielleicht ist sie schwanger von mir!«

Sie schrie auf, es war doppelt unerträglich; würde sie über diesen Lästerungen abermals grau? – »Du bist wahnsinnig!« schrie sie; »du bist verblendet!« schrie sie, und sie schrie: »Die Götter werden uns strafen!«, doch Ixion schlug an die kupferne Glocke, die an der Tür des Schlafgemachs hing, und brüllte, daß es die Burg durchschallte, und indes sich Dia die Ohren zuhielt, er habe in Heras Gemach gelegen und ihr einen Sproß in den Schoß gepflanzt, und alle Bewohner des Erdkreises sollten es wissen.

Hera, schon in den Olymp gefahren, trat zu Zeus und hieß ihn schauen und lauschen, was sich im Land der Lapithen zutrug, und Zeus hörte Ixions frevelndes Prahlen, und andere Himmlische hörten es auch. – Ach, der augenlose Mann. – Zeus hieß Nephele vor sich kommen und wies ihr dort unten im Mondlicht die Burg: ob sie mit diesem Mann geschlafen? – Alles an ihr, nicht nur der Mund, sagte: »Ja!« – Im Burghof der Brunnen, sie sah in seinen Spiegel, oder spiegelte sich in den Augen Heras, und sah zum ersten Mal sich selber als das Ebenbild der Anderen, schön wie die Schöne, hoheitsvoll wie die Hohe, und da wußte sie sich am Ziel: Der Herrscher hatte ihr den Gast zugeführt, sie an Stelle der Anderen zu erproben, sie war seinem Willen gehorsam gewesen, sie hatte die Andere ersetzt, nun würde sie des Herrschers Dank ernten, und der konnte nur sein: an der Anderen Statt.

Hera schlug ihr ins Gesicht: Sie wolle sich anmaßen, ihr zu gleichen, dieser Fetzen Nässe der Königin? Sie fuhr in Nepheles wohlgestaffelte Locken: Diese Strähnen da sollten Heras Haar sein? Und dies wabbelige Fleisch da Heras Brust? Nephele schrie auf, da Heras Nägel ihr das Gewand vom Leibe rissen; sie klammerte sich an die Knie des Herrschers; Hera trat ihr in die Weichen, und Zeus stieß sie mit dem Fuß zurück. So hingestreckt, unter den Schlägen und Tritten, brachte Nephele ein Monstrum zur Welt, Kentauros, einen Knaben, dem aus den Hüften das Hinterhalb eines Hengstes wuchs: ein Kopf, ein gedoppelter Rücken, zwei Arme, vier Beine; die Hoden des Mannes und die Hoden des Pferds. – Ixions Samen. – Zeus packte den Sproß und warf ihn zur Erde, hinab an die Quellen des Peneios, und das Monstrum wurde zum Ahnherrn der Kentauren, des anderen Volkes Thessaliens, vom ersten Tag an Todfeind der Lapithen, freilich auch der Stamm der kundigsten Ärzte, allein das gehört schon nicht mehr hierher.

Eine Spur Blut und eine Spur Schleim; Nephele kroch wimmernd in ihr Gemach, und Zeus gebot ihr, dort zu verharren; er gebot es ohne ausdrückliche Worte, doch die Gezüchtigte fühlte sein Befehlen, und es war ihr Wesen, daß sie gehorchte.

Dann schickte Zeus um Ixion. – Der Morgen graute. – Dia gebar an diesem Tag ihren Sohn, Peirithoos, über den die Chronisten immer noch rechten, ob er von Zeus oder von Ixion stammt. – Daß Hermes in eigner Person erschien, den Geladenen auch auf dem Hinweg zu tragen, nahm der als Zeichen seines Ranges, und was bislang ein Spukbild gewesen, wurde zu einem erhabenen Plan: ganz an die Stelle des Zeus zu treten, Herrscher über das All zu sein. – So fuhr er hinauf. – Oben stand schon Hephaistos bereit, mit zwei Gesellen, die Ixion packten, und Kohlenglut, und darin ein Rad aus grauem, kostbarem, schmiedlichem Eisen, und auch die Zangen waren aus Eisen, und die Fesseln, schon glühend in der Glut. – Hera stand da, verhüllt und verschleiert; neben ihr Zeus, und um beide der Tag, wie er strahlend aus der Dämmerung stieg. – Das Rad war indes glühend geworden; Hera schlug ihren Schleier zurück; Ixion sah zwei brennende Augen, und da dachte er, daß dies die Weihe sei, ihn im himmlischen Feuer zum Gott zu härten, doch da brüllte er schon, und brüllte, und brüllte, daß es den Erdkreis überschallte: Hephaistos schmiedete ihn ans Rad, und Zeus, in seiner schönen Rache, sprach zu Heras Nicken das richtende Wort: »Du sollst deinem Wohltäter dankbar sein!«

Dann setzte Hermes das Rad in Schwung, und seither wirbelt es durch den Himmel, vorbei an sorgsam entweichenden Wolken, im ewigen Kreisen um den Olymp.

Doch wir wollen von Nephele erzählen.

Die Geschichte des Ixion ist geendet: Er kreist auf seinem glühenden Rad und weiß, daß dies sein Schicksal ist. – Wie der Sänger es ausdrückt: Er lernte es deutlich. – Er weiß, daß ihn nichts erlösen kann, auch nicht der Tod, er ist ja unsterblich, und er hat es längst auch aufgegeben, in den Wolken nach Kühlung zu haschen; die Erfahrung lehrt, daß sie sich ihm entziehn. – Droht die Glut zu grausam zu werden, brüllt er das Wort, das Zeus gesprochen: »Du sollst deinem Wohltäter dankbar sein!«, dann empfindet er ein wenig Linderung, ein wenig nur, und ein kleines Weilchen; dann brüllt er wieder und schweigt wieder ermattet, und so durch alle Ewigkeit. – Dia hat er nicht mehr erblickt; die Fesselung verwehrt ihm, zur Erde zu schauen, und so sieht er nichts als treibende Wolken unter dem ungeheuren Himmel, und fern in der Mitte seines Bogens das Strahlen der Burg, drin der Herrscher thront. – Er empfängt keine Nachricht; er weiß nicht einmal vom Kampf seines Volks gegen die Kentauren, die den Lapithen die Weiber raubten, und er weiß nichts von den Heldentaten, die Dias Sohn in diesen Kämpfen vollbracht. Er hat seine Lehre deutlich gelernt, sie ist in seine Natur eingegangen, und da ist nichts mehr, das sich ändern wird.

Anders Nephele; wiewohl sich bei ihr ebenfalls nichts mehr ändert, allein sie findet sich damit nicht ab. – Sie sitzt weinend in ihrem Gemach und schaut wohl hundertmal in den Spiegel, den Hermes sie entdecken ließ: Sie kann durch eine Mauerritze hinunter in Dias Burghof sehn und schaut ihr Bild dort unten im Brunnen –: Dieses Haar, diese Augen, diese Gestalt ... Hebe versorgt sie mit Trank und Speise, und Nephele, sich im Erinnern verzehrend und ihr Erinnern im Spiegel nährend, sitzt einsam weinend und hofft auf die Stunde, da Er, der Eine, an ihre Tür pocht, und eintritt, und sie an der Hand faßt, und sie auf den Mund küßt, und in ihren Schoß stößt, und sie neben sich auf den goldenen Thron setzt, auf dem sie ja schon einmal gesessen – das kann doch nicht alles gewesen sein?

Sie wird nie fassen können, daß sie eine Kreatur ist, ein Geschöpf, wie es deren so viele gibt: vom Herrscher zu einem Zweck geschaffen, und um dieses Zweckes willen mit Schätzen begabt, und weggetan, wenn dieser Zweck erreicht ist. – Sie harrt und hofft auf ihre Stunde, und so endet ihre Geschichte halt nie.

(1984)

Die Glöckchen

[Ein Fragment]

Wer einige Zeit in M. zubringt, der heimlichen Hauptstadt des Kupferreiches südlich des Harzes und nördlich der Saale, kann bei einem Schlendergang durch die Stadt, am besten zur späten Nachmittagsstunde, ein zauberhaftes Klingen hören, ein feines, gerade noch vernehmbares Läuten, vielstimmig zart und seltsam gedämpft, als liege ein winziges Vineta am Grund eines Wassers im tiefen Erz. – Man hört es nur einen Augenblick. – Es sind Dutzende Glöckchen, die da erklingen, Silberschall hauchdünner Schalenleiber, von staubfädenhaften Klöppeln geschlagen; den meisten ist dann, als klinge ihr Ohr. – Sie fragen: das rechte? oder das linke?, sie versuchen, dies Feengetön zu fassen, und da hören sie es nicht mehr. Es muß ringsum nicht still sein, daß man es höre; es tönt auch durch das Trippeln von Schritten oder das Plätschern von Gesprächen; es braucht freilich Tage, sich durchzusetzen, doch dann wird es einem sofort so vertraut, daß man es abermals nicht wahrnimmt.

Welches Ohr klingt?

Es ist schon vorbei.

Das erste Mal hörte ich dieses Tönen bei meinem Antrittsbesuch in M., und ich hörte es so, wie man es hört: ein Läuten im Ohr, die Süße des Erzes, Filigran von Klang, und schon war es dahin. – Ich hätte mich kaum mehr daran erinnert, wäre es nicht ein zweites Mal aufgeklungen, bei meinem zweiten Aufenthalt, der, gleich dem ersten und allen noch folgenden, der Welt unter Tage, der dunklen Landschaft des Kupfers gewidmet war. Ich fuhr da täglich zur Frühschicht ein, bis zum dritten Besuch mit einem Begleiter, der mich, der strengen Vorschrift gemäß, nicht aus den Augen zu lassen hatte –

anfangs eine notwendige Wohltat, später eine immer schwerer erträgliche Last. – Die Einfahrt bestimmte meinen Tag: Um halb vier morgens stand ich auf, um fünf Uhr war ich in der Grube, gegen Mittag wieder am Licht; ich pflegte dann in der Kantine zu essen und mich noch ein wenig am Schacht umzutun; gegen fünfzehn Uhr ging ich zur Stadt zurück, kaufte ein, was man so braucht, wenn man in einem Gästeheim ein Zimmer mit Selbstverpflegung bewohnt, machte noch diesen und jenen Besuch und lag um acht, spätestens neun Uhr im Bett. – So ging ein Tag um den andern hin, bis ich einmal, nachmittags, am Markt, und just vor dem Geschäft eines Goldschmieds, dieses Läuten wiederhörte: Glöckchen, Silberstimmen von Glöckchen, und zu der traumhaft jähen Gewißheit, all dies schon einmal erlebt zu haben, den wie ein Verhängnis wirkenden Wunsch, die Quellen dieses Geläuts aufzuspüren.

Was lag näher, als den Goldschmied danach zu fragen, und da er, wie die meisten seines Zeichens, auch, ja als seinen Haupterwerb, einen Uhrenladen betrieb, fand sich ein Vorwand zum Eintreten rasch: Einen Ersatzwecker kann man immer brauchen, wenn man zu so ungewohnten Zeiten aufstehen muß. – Ich erstand ein piepsendes Gerät und stellte dann geradeheraus meine Frage nach einer Möglichkeit jenes Klangphänomens, das ich als Vineta-Geläut charakterisierte, und der Goldschmied, ein bedächtiger älterer Herr, mit ibsenhaftem Backenbart, sehr schlank und in seinem weißen Kittel einem melancholischen Chirurgen gleich, reagierte mit einem so spöttischen Lächeln und einer so verwundert sich gebenden Ironie der Erwiderung (ich glaube, er gebrauchte das Wörtchen »ei!«), daß ich, mir beim Fragestellen gewiß, einer Sinnestäuschung erlegen zu sein, nunmehr doch ein Geheimnis annahm – aber wenn nicht Vineta, was war es dann?

»Ei, mein Herr, sind Sie ein Sonntagskind, daß Sie dieses Läuten hören?« fragte der Goldschmied, und ich bejahte, ich war wirklich ein Sonntagskind.

»Es sind die Glocken der Kupferkönigin, die Sie da hören«, sagte, und dies ganz ernsthaft, der Meister, nachdem er sich vergewissert hatte, daß mir die Geschichte des Bergwerks von Falun in der Gestalt, die ihr Hoffmann gegeben, bekannt war: der Jüngling, der dem tödlichen Zauber der Herrin unter Tage verfällt und alles drangibt, nur mehr ihr zu dienen, bis er seinen Dienst mit dem Leben bezahlt. – »›Unten liegt mein Schatz, mein Leben, mein alles! ... da will ich wühlen und bohren und arbeiten und das Licht des Tages fürder nicht mehr schauen.‹« – Ich sprach dies Bekenntnis ins Schweigen des Goldschmieds, ein ernstes, fast erschrockenes Schweigen, und gestand, daß auch ich, wiewohl an der Grenze des Altseins, diesem Zauber alltäglich verfalle, freilich nicht so sehr dem der Herrin als dem ihres Reiches, das aber doch diese Herrin spiegle, sie ausdrücke, sie atme, ihr dunkles Gewand sei, und der Goldschmied hörte mir schweigend zu. Ich begann von der Welt unter Tage zu schwärmen, dieser Welt der hüfthohen Strebe und Strecken, darin in der Nacht der tausend Meter Tiefe ratternd und kreischend und felsenzertrümmernd eine kriechende Arbeit umgeht, den jungfräulichen Kontinent aufzusprengen, den heute einzig noch unberührten, da man vor Ort ein Stück Erdmaterie anfaßt, das noch nie eines Menschen Auge erblickt; und der Goldschmied hatte all seine Ironie verloren; er schaute mit mir in die Grube hinunter, deren Südfeld sich zu unseren Füßen hinzog, ein Feld mit überaus reichem Erzband, das aber gerade hier zu Verwerfungen neigte, und er wiederholte meinen Ausdruck vom jungfräulichen Kontinent und gestand dann seinerseits, daß ihn dieses Bild bewege.

Währenddem kam mir wieder Falun in den Sinn, und ich sah die Braut des entbrannten Jünglings vor der Kopparbergskirche warten.

»Es sind Hochzeitsglöckchen«, sagte ich, und da war mir, als höre ich sie wieder, und diesmal wie in Trauer gehüllt.

»Ja, Hochzeitsglocken«, bestätigte der Goldschmied, seinen Backenbart streichend, der dem schlanken Mann mit dem schütteren Grauhaar plötzlich etwas Faunisches gab. – Ich hatte von »Glöckchen« gesprochen; er sprach von »Glocken«, und dies Tilgen der Verkleinerungsform schien mir bedeutend, es löste das Schallen aus einer unangemessenen Verspieltheit, wenigstens empfand ich die jetzt als unangemessen, und nun wußte ich, daß in meinem Ohr alle Bergmannssagen und Grubengeschichten, die ich voll Gier in mich geschlungen, als dieses Läuten zusammenklangen, ein mir nur zu wohl bekannter Ausbruch überreizter Vorstellungskraft, die mich schon Personen erblicken gemacht hatte, die, einer anderen Phantasie entsprungen, nie leibhaftig auf Erden geweilt.

Noch da ich mich im Schwärmen erging, hatte, auf einen Wink des Meisters, eine Gehilfin die neueingetretene Kundschaft bedient, junge Frauen gleich ihr, die nach Broschen verlangten, wie das Schaufenster sie auf Samtkissen anbot: große, in ihrem Aufwand an Gold reichlich protzige Schilde, die hier auffallend gern getragen wurden, neben breiten Armspangen wohl der beliebteste Schmuck. – Besonders begehrt war ein Hochoval, ein schmaler türkisblauer Rand um ein Goldrund mit einer blutroten Mitte, zu der hochgetriebene Strahlen führten, am ehesten noch einer in sich gekehrten, ihr Leuchten in sich versammelnden Sonne mit einem glühenden Kern vergleichbar. – Sie waren teuer; die Kundinnen zögerten und bedangen sich Bedenkzeit aus. – Wider Willen zuerst hörte ich ihnen zu, diesem trippelnden, merkwürdig verschämten Sich-Nähern an eine vorher schon getroffene Wahl: Sie ließen sich Dutzende Broschen zeigen und schauten verstohlen immer nur auf die eine; warum verlangten sie die nicht sofort? – Des Preises wegen? – Den kannten sie doch. – Mich belustigte dieses betretne Gehabe; den Goldschmied aber schien es zu ärgern, er führte mich zur Grube zurück. – Was mich, so verlangte er zu wissen, unter Tage am meisten beeindruckt habe, und ich berichtete ohne langes Überlegen, wie gleich bei meiner ersten Einfahrt ein Bergmann einen Stahlstempel versetzte, eine der gedrungenen Säulen mit weit vorkragenden Kapitellen, die das Felsdach des Strebs gegen Steinschlag abstützen –: Den Schaft mit den Armen zur Seite drückend, hatte er sich für ein paar Augenblicke mit der Schulter unter die Deckplatte geschoben, und so, gekrümmt unter dem ächzenden Stein, vom Lichtschwert meiner Grubenlampe aus der Finsternis geschlagen, trug er den Berg auf seiner Schulter: Atlas, der das Himmelsgewölbe trägt. – Der Titan; in ihm begriff ich die Arbeit des Bergmanns, seinen täglichen Kampf mit den Elementen und die Gültigkeit seiner herausfordernden Devise: Ich bin ein Bergmann, wer ist mehr! – Ein Wort, das sich wider alle Welt stemmt; man versteht es nur unter Tage, und ich verstand es als meinen Traum. – Aber davon versuchte ich vergeblich zu reden; ich war nicht befugt, ich war kein Bergmann, und hatte ich Atlas schildern können, schlug mein Schwärmen nun in Beteuern um. – Der Goldschmied sah mich prüfend an, und ich fühlte, wie ein Mißtrauen aufkam. – »Hüten Sie sich vor der Kupferkönigin«, sagte er schließlich, und sein Tonfall ließ keinen Zweifel übrig, daß er es völlig ernsthaft meinte, was ihm jedoch zu mißfallen schien, so, als habe er schon zu viel gesagt. – Die jungen Frauen hatten den Laden verlassen; die Gehilfin räumte die Broschen weg, Goldovale, und ich wußte den Namen des Steins in der Mitte: blutrot funkelnder Almandin.

Der Stein des Bergmanns von Falun; ihn zu brechen, fuhr er am Hochzeitstag ein. – »›... ich will dir nur sagen, meine herzgeliebte Ulla, daß wir dicht an der Spitze des höchsten Glücks stehen ... Mir ist in dieser Nacht alles entdeckt worden. Unten in der Teufe liegt in Chlorit und Glimmer eingeschlossen der kirschrot funkelnde Almandin, auf den unsere Lebenstafel eingegraben, den mußt du von mir empfangen als Hochzeitsgabe. Er ist schöner als der herrlichste blutrote Karfunkel, und wenn wir, in treuer Liebe verbunden, hineinblikken in sein strahlendes Licht, können wir es deutlich erschauen, wie unser Inneres verwachsen ist mit dem wunderbaren Gezweige, das aus dem Herzen der Königin im Mittelpunkt der Erde emporkeimt. Es ist nur nötig, daß ich diesen Stein hinauffördere zutage, und das will ich nunmehro tun.‹« – Er kam spät wieder; nach fünfzig Jahren wurde er aus der verbrochenen Grube gegraben, im Kupfervitriol verschlossen, als sei er im Leben, selbst das Hochzeitssträußchen auf der Brust noch blühend, und die treue Braut hat ihn geküßt.

Blutrot funkelnder Almandin. – Ich wollte gerade den Goldschmied fragen, ob er solch einen Stein besitze, ich hätte viel für ihn gegeben, den reinen Stein, nicht die Splitter in der Brosche, da erklang wieder das Glockenspiel an der Türe, ein Geläut übereinandergestaffelter Schellen, wie es Schmuckläden manchmal als Wappen aushängen, und ein neuer Kunde trat ein.

Ein Mann von etwa vierzig Jahren, Lederjacke, Macho-Leibgürtel und Macho-Handgurte, breite, spitznietige Kunstlederbänder, Silber auf Schwarz, erstarrte Gewalt. – Dunkles, brillantineglänzendes Haar. – Ein Kumpel vermutlich, doch ich war mir nicht sicher; damals war ich noch nicht geübt, den Bergmann, zumindest den Kupferhäuer, an seiner tänzelnden Art zu erkennen, die auf merkwürdige Weise der Schwere entspringt und mit ihr verbunden bleibt, an diesem federnden Sich-Rekeln aus allen Gelenken nach dem Kauern und Kriechen und Watscheln der Schicht, diesem unbewußten Überprüfen der Muskeln, ob sie denn noch zur Leichtigkeit taugten, zum Absprung und, heimlichste Sehnsucht, zum Flug.

Der Meister schien ihn erwartet zu haben; er sah, und nickte dabei, auf die Uhr, doch bevor er sich ganz dem Kunden zuwandte, fragte er, und nur noch mißtrauisch, ob ich für eine Zeitung schreibe, und ins Mißtrauen trat Abschätzigkeit. – Sie war zu verstehn. – Ich empfand keine Neigung, ihm meinen Beruf zu entdecken, ich war des Erklärens überdrüssig, und schließlich ging es ihn ja nichts an. – Meinen Almandin würde ich selber brechen. – So sagte ich »nein« und war entlassen, eine flüchtige Geste des Bedauerns und eine gemessen korrekte Verbeugung; ich ging, und hörte noch unterm Läuten des Spielwerks den Goldschmied zu seinem Kunden sagen, die Muster lägen zur Ansicht bereit, es komme jetzt auf die Maße an.

Mit dem Bergmann, in dem ich Atlas gesehen, arbeitete ich später zusammen; ich sagte schon, daß es mir schließlich gelang, meinen Geleitern zu entkommen und mit einer Brigade Schicht zu fahren, und Martin G. wurde mein Brigadier. Ich sah dann noch manchen Mythos in ihm; schon wenn er den Hammer ansetzte, war er Herakles, ja er war es, wenn er den Hammer nur hob.

Aber davon erzähle ich noch.

Nachdem ich den Laden des Goldschmieds verlassen, ging ich in meine Unterkunft, allein es trieb mich bald wieder hinaus. Ich hatte Lust – nein, Lust war es nicht; es zog mich einfach zum Schachtgelände, trotz der Tristheit des frühen Novemberabends und trotz der höhnenden Gewißheit, daß ich nach ein paar Stunden Streifens und Schweifens erwartungsgieriger Findebereitschaft nur den Weg umständlich wiederholt haben würde, den ich am Tag sowieso zweimal ging.

Vom Stadtkern aus zwei, von meiner Unterkunft aus drei Kilometer; ich zog den Mantel an und ging. – Was ich zu finden hoffte? – Meine Geschichte, genauer gesagt: den Zugang zu ihr; sie war noch ganz im Stoff verschlossen, und ich drang zu ihr wie der Bergmann zum Erz. Das heißt, ich wußte nicht, ob ich zu ihr drang oder nur, um im Bild zu bleiben, mich nutzlos ins taube Gestein eingrub; ich wußte nicht, ob da überhaupt ein Flöz war, ich war dem Kupferreich verfallen, und da gehorcht man, wenn es ruft.

Solch ein Müssen fragt nicht nach der Tageszeit, nur daß die Stunde denkbar ungünstig lag. – Was wollte ich eigentlich am Schacht? – Zwar besaß ich einen Ausweis, der mir erlaubte, das Werkgelände zu betreten, aber man würde mich dennoch fragen, was ich zu dieser Stunde dort suche, und da kam ich in Verlegenheit. – Einfahren konnte ich ganz gewiß nicht, das hätte ich vorher anmelden müssen; der Arbeitsfluß zu ebener Erde: Entladen der Loren, Kläuben, Transporte, bot auch nachts bestimmt keinen Reiz zu erzählen, und in einem planlosen Schlendern festgefahrene Ideen zu bewegen war zwar eine bewährte Methode, allein ich hatte ja keine Idee, nur den manischen, dranghaften, nun ja: kindischen Glauben, daß eine Geschichte auf mich warte und alles drauf ankomme, sie zu finden, zur rechten Stunde, am rechten Ort.

Bereitsein war dann alles; ich rüstete mich.

Der Schacht liegt ein gutes Stück über der Stadt; sein Gelände schneidet in einen Hügel, der, von der Halde überlagert, sich nordwärts an Wellen von Hügeln anlehnt, die sich dann langsam zum Harz erheben. Die Werkstraße endet an der Halde; die Umgebung verliert sich in Acker und Feld. Beidseitig der Straße die alte Siedlung: aneinandergestauchte Reihenhäuser, gelbe und rote Klinkersteine, einstöckig, jedes für zwei Familien, mit getrennten benachbarten Eingangstüren, zwischen beiden ein brauner Keramikdienst. Zu jeder Haustür drei niedrige Stufen, mit ihren geschwungenen Eisengeländern immerhin eine Freitreppe andeutend, doch die wuchtigen Fensterläden, die aufgeschlagen einander berühren, die Massigkeit des Mauerwerks und die schmalen Mansardenluken erwecken den Eindruck einer Burg. Die Fenster dunkel oder verhangen; sieben Uhr, das war schon Fernsehzeit, die hier aus der Abendbrotzeit herauswächst: erst ißt man und schaut dabei, dann schaut man und trinkt. – Von der Siedlung und in die Siedlung hinein vier, fünf Straßenlampen in gelber Trübe; überm Tor zum Schachtbezirk gleißendes Licht; vom Förderturm war schon nichts mehr zu sehen. – Verschlossene Nacht; kein Stern, keine Wolke. – Ich ging und dachte an den Goldschmied, wie er den Kunden zur Werkstatt gewiesen, dem schwarzen Vorhang schräg hinter dem Tresen – was lagen da für Muster bereit, und auf welche Maße kam es an? Eheringe, was sonst, und besonders breite, wie die Bergleute sie lieben, vielleicht mit einer verborgnen Gravur, und ohne Goldabgabe vermutlich, darum die Heimlichtuerei. Aber was war die Gegenleistung? Edelsteine fand man nicht in der Grube, sie war nicht Falun, hier gab's höchstens Kristalle, schwarzblaue oder rötliche Gipse, zerbrechliche Nadeln auf Sandsteinkissen, auch weißes und blaues und

rotes Viehsalz in kleinen, einander durchdringenden Quadern, Modellchen von Gnomenkolonien. Dann konnte man Fossilien finden, Abdrücke von Fischen aus der Permzeit; ich sah sie mitunter selbst während der Schicht, allerdings zerscherbt und zerschlagen — beim Häuen bleibt nicht Zeit, auf Einschlüsse zu achten. Sie machen sich ja auch nicht bemerkbar; sie haben keine Raumdimension, [sind] nur Bilder im versiegelten Buch des Schiefers, dessen dünne Seiten der Zufall aufschlägt, hier in Gestalt des Preßlufthammers, und da zertrümmert er sie zugleich. Es sind Abdrücke immer derselben Fischart: Palaeoniscus freieslebeni, ein heringsgroßer, gedrungener Quastenflosser, im zähen Zechsteinschlamm erstickt, mit goldvioletten Schuppen, Goldtüpfelchen um das große Auge, das schnappende Maul weit aufgerissen und der arme Leib qualvoll nach oben gekrümmt.

Gut erhalten waren die Stücke begehrt, aber, gleich den Kristallen, keinesfalls so kostbar, daß sie Gold für einen Ring aufgewogen, das hätten noch keine zehn Prachtexemplare geleistet, und der Juwelier trieb gewiß keinen Handel damit. — Oder doch? — Unbedarftes Spekulieren; vielleicht waren die beiden einfach Bekannte, doch dem widersprach die Art ihres Umgangs, die trotz Auftrumpfens da und Dienstfertigkeit dort merkwürdig zurückhaltend erschienen, ein Taxieren von Kraft und Kraft. — Allein was sonst? — Und da kam mir ein Gedanke, der so lächerlich war, daß ich tatsächlich lachte: War die Gegenleistung etwa ein jus primae noctis, die Abtretung der Hochzeitsnacht?

Der Macho würde einen gepfefferten Aufpreis bezahlen, das war alles, was sollte die Spekulation? — Plötzlich erhellte sich ein Fenster, eine Wohnstube trat aus der sickernden Nacht und war sofort die Mitte des Weltalls, selbst die Bogenlampe über dem Werkstor schien nur bestimmt, auf sie hinzuweisen. — Eine Wohnstube wie allerorten in Facharbeiterfamilien: die Couchecke mit braungelbem Kunstleder und Webpelz; Stehlampe und Rundtisch, ein Bierfaß als Hausbar, die Schrankwand mit ihren verschlossenen Fächern, dazwischen die Sammlung von Biergläsern mit Deckeln, und zwischen Schrankwand und Couch eine Schmiedearbeit, hier in Kupferblech ein sich aufbäumendes Pferd. Eine junge Frau deckte den Abendbrottisch, sie trug eine bunte Schüssel auf, üppig garniert, gewiß kamen Gäste, und sie hatte sich auch zurechtgemacht: ein golddurchschossener schwarzer Pullover, eierweißer Plisseerock, frische Frisur. Mittelgroß gewachsen, erschien sie gerade noch schlank: Eine Neigung zur Fülle war nicht mehr zu verkennen, doch sie zwängte sie noch in Modisches ein. – Ein Tragkasten Bier; letztes Auswischen der Tulpen, und da traten sie auch schon in die Stube, zwei Machotypen abermals, Schwarz mit aufgewuchteten Sternen; einer trug, in Zeitungspapier, einen Strauß Blumen, doch bevor er sie noch überreichen konnte, stürzte der andere zum Fenster, stieß es auf und riß die Läden herum, als wären sie alle drei im Begriff, bei einer Verfehlung ertappt zu werden.

Fugenlose Nacht; der Laden schloß dicht. – Was hatte zu dieser Hast getrieben; warum die Angst vor dem fremden Blick? – Mich konnte er nicht gesehen haben, und nach Exzessen sah diese Begegnung nicht aus. – Ich war versucht, doch in die Stube zu schauen; ich trat tatsächlich an die Läden, wobei mir die Lächerlichkeit bewußt war, die ein Bemerktwerden mir bescherte; vielleicht würde es auch Prügel setzen. – Der Laden war dicht. – Es trieb mich, ihn in den Angeln zu heben, und erst, als ich ihn tatsächlich berührte und das rifflige Holz an den Fingern spürte, überkam mich die Ernüchterung.

Ein Vierteljahr später war ich der Gast; mein Brigadier, eben Martin G., mit dessen Mannschaft ich nun allein einfuhr, lud mich nach Schichtende zu sich ein, ins »Häuerhochhaus am Boulevard«, der für all diese Duodezhauptstädte obligaten Fußgängerzone rund um den Markt, die auch in M. nicht fehlen durfte. – Die Einladung deckte sich mit dem Umstand, und wahrscheinlich erwuchs sie aus ihm, daß G. einen vollständigen Kupferhering – so nennen die Häuer den Fossilfisch – aus einer Schieferplatte freigrub, bevor die samt dem Einschluß im Hunt unterging. Es war dies beim letzten Arbeitsstoß vor der Pause: Er hatte, Herakles über Hippolyte, sich gestreckten Leibs über eine plötzlich verspannte, nun graniten federnde Erzstufe gestemmt, schräg zum Streb, mit gewalttätigen Armen und steil auf den Hammer, der hart aus dem Leib stieß, da mußte er im vordem gebrochenen Schiefer den Schmelz einer Schuppe gesehen haben, denn er stellte seinen Hammer ab und hob, wie mit verwandelten Händen, das Schieferstück sorgsam aus dem Schutt, grad noch vor der zufahrenden Schaufel, und trug dann, auf die Fersen gekauert, mit solcher Sorgfalt die deckende Schicht ab, daß selbst sein Meißel zu träumen schien –: Mit einer Sicherheit, wie sie nur der Traum kennt, bahnte er sich den Weg in die Fuge, die, haardünner Strich unter Hunderten andern, einzig den Zugang zum Einschluß freigab; ein Drehen der Hand wie eine Liebkosung, ein leises Knirschen, zersprengtes Erzband, und die Fingerkuppen, Schuppe um Schuppe, strichen den Leib aus seinem Verlies. – Ein golden-violettes Funkeln, umringt von den Lichtern auf unseren Helmen, das entsiegelte Wesen schien zu atmen, das Auge brach aus der schwarzgrauen Fläche, sich öffnender Mund, erzitternde Flossen, diese sehnsuchtsvollen Wasserflügel, die in den Himmel der Schaumkronen tragen, und den langsam entgleitenden Händen entstieg, nach zweihundert Millionen Jahren geborgen, die schöne Gestalt, und ich sah sie erstehn. – Prinzessin Fisch; es war ein Traum. – Der Name kam mir sofort in den Sinn, da ich sah, wie die Versieglung sich auftat und auf dem stumpfen Grund des Steines Zug um Zug die Anmut erschien, mädchenhaft spröd und hoheitsvoll. – Prinzessin Fisch. – Sie war in pures Metall gekleidet, zum Hauch gepreßt von der Last der Geschichte, jede Schuppe schien zu tönen, wundersam violette Schalen, was für ein Goldschmied war doch die Zeit! – Die Kumpel hockten und kauten schweigend; die Pause dauerte zehn Minuten, und jeder verfügte darüber frei, sein Tun oder Lassen ging andre nichts an, wie überhaupt unter Tag der

Bergmann die strengste Arbeitsdisziplin mit entschlossener Freizügigkeit verbindet. – »Ganz gut«, sagte Manfred, »der Kupferhering«, und er fügte anerkennend hinzu, für den könne man glatt ein Pfund verlangen. – Bernd trat dem bei; der Brigadier wehrte ab. – »Das ist«, sagte er, »für mein schmuckes Frauchen, die braucht grad so was neben ihre Schrankwand«, und er wandte sich plötzlich an mich: »Komm mit!« – Ich fragte, wohin; er sagte: »zu mir«, und dann, seinen Fund sorgfältig verwahrend (er wickelte ihn in seine Jacke und arbeitete bis ans Ende der Schicht mit freiem Oberkörper weiter), lud er mich in wohlgesetzten Worten zu sich zu Kaffee und Abendbrot ein.

Sein schmuckes Frauchen hörte ihn wohl kommen, oder kam er stets auf die gleiche Minute: sie erwartete ihn unter der Tür. – Dahinter die Kinder. – Er stellte sie so vor, wie er von ihr gesprochen: »mein schmuckes Frauchen«; es schien sie zu freun. – Mich rührte, daß sie ihn unter der Türe erwartete; es ist ja jeden Morgen ein Abschied wie für immer, und jedes Wiedersehn eine Rückkehr von der Fahrt in ein finsteres Reich. – Er lachte und faßte ihre Hand, als führe er sie in einen Reigen oder in ein Menuett, und sie, auf der Treppe, schwang sich um die Achse, lachend, und ihr beiger Plisseerock flog. – Eine schlanke junge Frau, mittelgroß, ein wenig kleiner als er, golddurchschossener Lurexpullover, Seidenstrümpfe, schwarze Lackschuh, ein silberstichiges Grün auf den Lidern, und die hellbraunen Haarwellen wippten; sie sahen frisch aus, wohl gerad vom Friseur. Sie konnte nicht wissen, daß ein Gast kam, also hatte sie sich für den Mann schöngemacht, und abermals: ich fand es rührend.

Er stellte mich vor und zog dabei schon die Schuh aus; ich wollte seinem Beispiel folgen, doch das duldeten die beiden nicht. – Im Wohnzimmer Cynthia und Sven, sie acht, er sechs, sie standen artig gekleidet, der Vater küßte sie auf die Backen, dann zeigten sie mir das Kinderzimmer: das selbstgezimmerte Doppelstockbett; auf dem Bord gegenüber matchboxes und Schlümpfe, die Autos in durchsichtigen Kästchen, und auch die Schlümpfe in einem Rindenhaus. – Vor dem Kaffeetrinken sagte Sven ein Gedicht auf, Verhaltensregeln in der Schule: »Stille sitzen, Ohren spitzen, Hände falten, Schnabel halten«, und er zeigte, wovon er gerade sprach. – Cynthia spielte ein Blockflötenstück. – G. lobte die Schule, sie verstehe zu erziehen; seine Frau stimmte zu, und auch die Kinder sprachen sich freundlich über ihre Lehrer aus.

Nachdem die Wohnung besichtigt war: Stube, Kinderzimmer, Küche, Bad, und auch ins Schlafzimmer durfte ich von der Tür aus einen Blick tun, schlug G. einen Bummel vor, natürlich auf dem Boulevard. – Seine Frau schien der Vorschlag nicht zu begeistern; man sah es an einer Verschlossenheit, die plötzlich ins Behagen einbrach, oder besser: sich darin ahnbar machte. Es veränderte sich nicht viel, doch dies Wenige als dauernd: eine Schattenspur über Stimme und Auge, und jede Geste ein klein wenig verringert, als trage sie eine unsichtbare Kette.

»Gut«, sagte sie, den Tisch abräumend, »gehen wir auf den Boulevard.«

Das war wie beiläufig hingesagt, aber es klang gequält, und schon ergeben.

»Wollte mein schmuckes Frauchen woanders hin?«

»Nein, nein, gehn wir auf den Boulevard.«

»Wenn mein schmuckes Frauchen es so wünscht –«

Es geschah; Cynthia und Sven blieben zu Hause, sie sollten Schularbeiten machen, das war zwar schon im Hort getan, doch G. schien die Schrift nicht sauber genug. – Da seine Frau das Geschirr hinaustrug, fragte ich, ob sie einen Beruf ausübe, und er antwortete mit einem Stolz, der sich noch lachend gab, wiewohl er verletzt schien, das habe sein schmuckes Frauchen nicht nötig, Gott sei Dank verdiene er genug, sie vor einem solchen Los zu bewahren, und lieber fahre er Doppelschicht, als zu dulden, daß sie sich im Laden abrackre. – Und es sei ihr recht? – Er verstand mich nicht; er hatte sich diese Frage niemals gestellt. – Die Tür stand offen; ich schaute mich um, und er schien meinem Blick zu folgen, der die Hausarbeit in diesen drei Zimmern abschätzte: Bettenmachen, Staubwischen, Frühstück und Abendbrot, Abwasch; die Wäsche kam in die Betriebsreinigung; die Fenster putzte ein Hausbeauftragter; die Kinder gingen frühmorgens zur Schule und blieben noch ein paar Stunden im Hort; was tat die Frau den ganzen Tag? – Er nahm mein Mustern als Anerkennung: Ich könne mich ruhig überall umsehn, sein schmuckes Frauchen halte rein! – Das tat sie, zweifellos; allein die restliche Zeit? – In der Schrankwand die üblichen, kaum je durchgeblätterten Bücher: »Weltall, Erde, Mensch«, die Gabe zur Jugendweihe; die »Verfassung der DDR« als Gabe des Standesamtes; zwei Romane, wie sie Prämierungen abrunden: ein »Touristen-Wanderheft Thüringer Wald«. – Keine Schallplatten, keine Kassetten; nichts deutete auf ein Hobby hin, und einen Garten hatten sie auch nicht.

Cynthia hatte der Mutter geholfen; er zog sich, schon draußen, die Schuhe an.

Rasch sich verdichtende Dämmerung.

Es war ein schwüler Februartag, von jener jähen tropischen Wärme, wie der Föhn sie für drei, vier Tage in den erschöpften Winter schwemmt. – Das Fossil hatte G. noch nicht übergeben, es sollte eine Überraschung zum Abendbrot bilden, wenn der Fisch dann, als biete er sich zum Verzehr an, neben der Heringsbüchse lag. – Keine Spur von Schnee mehr in den Straßen; hartes Rauschen der Wasser; Maiglöckchenluft. – Der Boulevard begann sich zu füllen; wie auf geheime Verabredung hin strömten Spaziergänger aus den Häusern, Paare, Männer in Lederjacken, blau, braunrot, schwarz, mit derben Wülsten, und die straffgezogenen Hemden offen; bei den Frauen viel kräusellockiger Pelz. – Die meisten gingen ohne Hut; stakende Schritte, frisierter Gang. – Die ganze Stadt schien auf den Beinen, bekannte Gesichter aus der Grube: Manfred; ein Steiger; G. grüßte und winkte, und da sah ich auch den Macho wieder, dem ich damals im Laden des Goldschmieds begegnet, wie je in der Aura schwarzen Glanzes, und ihm zur Seite sein schmuckes Frauchen – ich dachte ja schon in dieser Wendung, und sie sahn auch alle einander so ähnlich, daß ein Sammelbegriff berechtigt schien. Ähnlich nicht nur in Wuchs und Figur —: dieser mittelgroße, zähe und schlanke, nur selten zur Fülle neigende Schlag, der die Nähe Thüringens verriet, blond bis braun, und viel blaue und grüngraue Augen — sie waren auch beinah konform angezogen, der imitierte Pelz, der metalldurchwirkte Pullover, der Plisseerock und die sehr hochhackigen Schuhe, dazu die gleiche Fünfwellenfrisur und das gleiche, immergrüne Make-up; es war auch die immergleiche Miene einer aufgetragnen Zufriedenheit, Make-up des Gemüts, will sagen der Seele, dicke Lidschatten Glück, aufgestrichen worauf? Auf Leere? Auf einen Willen, ein Wollen gewißlich nicht, nicht einmal ein Wollen der Ergebung.

Schmucke Frauchen, den harten Männern zur Seite, untereinander schier austauschbar; was taten sie den ganzen Tag? Sahn sie das Fernsehprogramm von gestern noch einmal; onanierten sie; träumten sie Luftschlösser und Reisen; trieben sie Penelopes Spiel; hatten sie einen geheimen Club, gemeinsames Tragen des Haremsschicksals, drin sie lebten trotz ihrer Vereinzelung? Gingen sie jeden Tag zum Friseur, standen sie in den Stuben am Fenster, hinter den zugezognen Gardinen, und schauten hinaus und fühlten sich erhoben, nicht wie die andern zur Arbeit zu müssen? — Diese unendlich leeren Vormittage — trug der Abend, trug die Nacht diese Frauen bis hierher, bis zur Stunde, da sie ihn vor der Tür empfingen, für ihn schöngemacht, für ihn auf der Treppe sich drehend, um ihn dann in sein Heim zu geleiten, zu Kaffee und Kuchen und artigen Kindern, und sie waren glücklich, ihn zufrieden zu sehn? — Das gelbe Licht der Laternen erschien, streifig und faltig fallende Gardinen um die Gute Stube Boulevard, als die nun die Innenstadt sich zeigte, mit den Wänden ihrer Zopfstilfassaden, ocker, braunrot, dunkelgrün, weißgrau, von Schwarz überdacht, und der Mond kam herauf, blaß und halb und im Dunst vereinzelt, zu dem sich die Schwüle zusammenzog. Sie hatten mich, eine Unterhaltung erwartend, oder einfach nur, um mich auszustellen, er links, sie rechts, in die Mitte genommen, doch sie fragten mich nichts, und so ging ich und schwieg, und ließ mich in meine Gedanken treiben. – An meine Geschichte dachte ich nicht. – Auch meine Geleiter sprachen wenig, wie es überhaupt wenig Gespräche gab; er machte sie auf Umstände aufmerksam, die sie sowieso wahrnehmen mußte, etwa daß drüben Bernd vorbeiging, oder daß es rasch dunkel werde, oder daß heute ein sehr warmer Februar sei. – Das übliche Plätschern eines Gesprächs, da nichts mehr zu bereden ist? Gewiß; auch; doch dies banale Gerede erzeugte immer wieder aufs neue ihr Verhältnis von Herrschaft und Fügung; die Initiative ging immer von ihm aus, er teilte ein Stück Erkenntnis zu, und sie, den Empfang dieser Gabe quittierend, bewegte sich nur in dem Zugeteilten. – Wiederum dieser Einschluß, sogar im Plaudern. – Aber merkte er nicht, daß sie damit nur langweilig wurde, eine Puppe, und ihr Schmucksein ein Lärvchen, etwas Aufgesetztes, keine Entfaltung? – Er merkte es nicht, oder wohl besser: er wollte es so.

Ich fühlte ihre Nähe, wie sie neben mir hinging, und da fiel mir plötzlich ein, daß ich nicht einmal ihren Namen kannte, das heißt, nur den des Besitzverhältnisses, Frau G., doch schon ihr Vorname schien ein zu hütendes Geheimnis; er hatte ihn mir nie genannt, er sprach sie auch nie mit dem Vornamen an, meist mit »du«, doch auch in der dritten Person: »Hat mein schmuckes Frauchen etwa Hunger?« – Wie mochte sie heißen? – Sie war ungefähr dreißig, wohl kurz nach Kriegsende geboren, also Karin oder Katja oder Ingrid oder Sigrid – und da plötzlich kam ich mir vor wie damals in der Siedlung, vor dem so schroff verschlossenen Fenster, als ich die Läden anheben wollte, Prügel riskierend für einen Blick ins Banale; was scherte es mich, wie sein Frauchen hieß? – Und da sah ich ihn wieder im Streb, wie er nach der Mittagspause die Verspannung des Flözes löste: Ein Druck mußte abgeleitet werden, in der Art gotischer Dienste und Bögen, und da kroch er zurück in den alten Versatz, dies schüttre, fürs Befahren strengstens verbotne Gebiet, wo er, unter das Felsdach sich klemmend, im Liegen eine Holzstütze setzte, und das Flöz verlor seinen Widerstand. Was er dort trieb, war lebensgefährlich, das wußte er, doch er trieb es lachend, zwischen Stein und Stein, mit nackter Brust; in seine Jacke gewikkelt lag ja das Geschenk für sein schmuckes Frauchen, Prinzessin Fisch, vor der Vernichtung geborgen, ersticktes Leben im goldenen Glanz.

Wie würde sie das Geschenk aufnehmen? Ich wandte mich unwillkürlich zu ihr, und fühlte und sah sie seltsam verändert: Bislang ein ergebenes Lärvchen, auch in dem Schatten Verschlossenheit seit der Nachricht, man werde spazierengehen, regte sich nun in ihr ein Widerwille, zwar verhalten, aber doch als ein Wollen kennbar, das dem des Mannes entgegenlief und das sie nicht mehr unterdrücken mochte. Und da kreuzten sich auch ihre Blicke: Sie sah jetzt zur andern Straßenseite, bewußt den Kopf nach links gewendet, und er blickte nach rechts, zum Laden des Goldschmieds, drin immer noch jene Broschen warben, mit der blutroten Raute des Almandin (es war ja ein Werktag, es war ja kein Sonntag), und der Meister, die Hände über die Brust geschlagen, stand vor der Tür und lächelte.

Er stand schier als ein Feldherr da, als nähme er eine Parade ab, und da hörte ich auch die Glöckchen wieder, aus einer seltsam verborgenen Tiefe, und der Meister lächelte. – Sie sah ihn nicht an, sie sah angestrengt zur Seite, man sollte sehn, daß sie den Goldschmied nicht ansah; ihr Mann aber grüßte laut und winkte; der Meister dankte mit leichtem Nikken, und da überkam es mich zu fragen, wie ihr die Broschen im Schaufenster gefielen, und sie tat, als höre sie nicht. – G. machte sie aufmerksam, daß ich etwas frage, und nun trat er sogar ans Fenster und legte, an ihr vorüberwechselnd, lässig seinen Arm auf den ihren und zog sie mit sich zu den Broschen hin. – Sie folgte, und ich folgte ihr. – Der Meister grüßte; sie dankte stumm; G. reichte dem Goldschmied seine Hand, und der bot die seine zuerst G.s Frau, und ich fühlte, wie sie sich an mich drängte, hilflos, als suche sie Schutz bei dem Fremden, ihr Widerwille wurde Abscheu; ich spürte, wie ihre Nerven sich sträubten, und war von dem Geschehen so jäh überfallen, daß ich plötzlich das Unerhörteste wünschte: Schlug sie dem Goldschmied, schlug sie ihrem Mann ins Gesicht?

Sie trat, unendlich langsam, näher.

Brach sie in Tränen aus?

Sie schloß die Augen.

Stürzte sie fort?

Sie nahm die Hand.

Es sei heute stumm wie ein Fisch, sein schmuckes Frauchen, scherzte G. und faßte sie um die Taille und drückte sie an sich und lachte herzhaft, und da wünschte sie dem Goldschmied einen guten Abend, leise, und ich, ohne Herkünfte und Gründe zu kennen, fühlte, wie sie gebrochen wurde, wie das Erz, wie ein Zirkustier, nun ja, wie ein Volk, doch ihre Stimme war noch nicht einmal tonlos, nur der Schatten der Verschlossenheit, weiter nichts. – Ich erinnere mich, daß der Goldschmied nicht dankte. – Ja, sagte G., so leichthin plaudernd, und da gingen wir auch schon weiter und der Goldschmied unterhielt sich mit einem andern Passanten und das Glockenspiel an seiner Tür ertönte, da er zurück in den Laden trat –: ja, sagte G., wenn seinem schmucken Frauchen diese Brosche gefiele, die mit dem blutroten Schlitzchen, hätte er sie ihr längst gekauft, aber sie mache sich nichts draus, solch ein Stück trage heute fast jede, und außerdem sei sie selbst schmuck genug. – Er zog sie an sich. – Ich sah den massiven goldenen Ring und spürte, wie sie zusammenzuckte, aber sie ließ die Umarmung geschehn. – Fortan sagte sie allerdings kein Wort mehr, und auch er enthielt sich jeder Bemerkung: irgendeine Grenze war überschritten, eine bislang streng beachtete Grenze der Schonung, und nun strebten sie merkbar hastig nach Hause, und etwas mußte geschehen, doch nichts geschah.

Ich hatte den Wunsch, den Besuch zu beenden, ehe die

Peinlichkeit ihre Spitze erreichte; die Neugier trieb mich zu bleiben; ich blieb und spürte, wie ich Komplice wurde. – Sie bereitete das Abendessen; G. sah die Hausaufgaben durch und war nun mit der Schrift zufrieden; er lobte, und die Kinder strahlten. Cynthia wurde in die Küche geschickt, der Mutter zu helfen; Sven führte mir seine Autos vor. Ich fragte, ob er ein Bergmann werde, und G. verneinte, und wie es schien, ohne Bedauern: Mit dem Kupfererz gehe es zu Ende, das reiche gerade für seine, G.s Lebzeit; Kohle, gar Braunkohle, sei ein zu schmutziges Gewerbe, und der Kaliabbau schließlich habe nichts mit dem Bergmannsberuf zu tun, das seien Kraftfahrer unter Tage, fette Knöpfchendrücker auf Großraumgeräten, und bald zur Gänze durch Maschinen ersetzbar; Bergmann, das sei Kampf mit der Natur, ihm komme nur noch der Seemann gleich. Er rekelte sich aus allen Gelenken, geschmeidig, lachend mit allen Gliedern, er hatte die Flözverspannung besiegt, Zähmung der widerspenstigen Beute, und ich sah ihn, wie er, vom Versatz zurück und triumphierend über die Erzbank geworfen, in gelassenen Stößen den Schiefer zerspellte, der nun nach seinem Willen brach, mürbe, in gewaltigen Brokken, die Kumpel hatten Mühe, sie in den Hunt zu wuchten, und er packte, im Kauern, einen dieser Trümmer und hob als Krönung über den Kopf, was andre schwer bis zur Brusthöhe stemmten. – Im Versatzschutt der Pfahl. – Sie wußte von nichts. – Er saß vor der rasch sich verdichtenden Nacht; die Wohnung lag im siebten Stock, das Fenster war noch unverhangen, man sah die gelben Laternenschleier vor den übereinandergelagerten Massen der Dächer, Schiefergeschiebe, Maste der Antennen, und darinnen, in seltsamer Willkür, der Mond. – G. zog mit dem Fuß die Hausbar heran, machte zwei Flaschen Bier, eine Flasche Korn auf, schenkte ein und war wohl im Begriff, auf das Wohl des Gastes anzustoßen, doch ich schlug vor: »Auf alle Bergleute!«, und die Gläser klangen zusammen: Glück auf! Dann wickelte er seinen Fund aus der Jacke, und ich nannte den Namen: Prinzessin Fisch.

Er klatschte überrascht in die Hände; der Name gefiel ihm,

die Goldschuppen glänzten, und er drehte und wendete sie im Licht. Er fragte nicht, woher der Name stamme, und ich hielt es nicht für wichtig, ihm mitzuteilen, daß er einem Gedicht Goethes entlehnt sei, aber ich machte einen Vorschlag: er solle das Fossil im Schiefer auf eine Kupferplatte schrauben, eine große, geschliffene Kupferplat-

(1984)

Meine Bibel; Erfahrungen

I

Es war ein wunderliches Bild: Das Feld, das sich den Hang hinanhob, lag doch in meinem Heimatdorf, die reife Gerste kornblumendurchwachsen, leuchtender Mohn, grüne Ackerwinde, und auch die junge Frau am Wegrand, hochaufgerichtet, Ähren in Händen, war irgendeine der Bauernmädchen, die mir alltäglich begegneten, in Sandalen und Rock und geraffter Schürze, und hier mit einem Trachtenhut auf dem Haar; die beiden Burschen, die müde ins Feld hinein mähten, waren meine Schulgefährten, und tief im Hintergrund sah ich mich selbst, ins langsam sinkende Abendrot weisend: Dort, hinterm Hang, nah den beiden Linden, hatte ich unlängst ein Schlangennest entdeckt. – Kinnhohes Gras, schmale Trampelpfade, das alles war mir innig vertraut, wo aber kamen die Männer her, die auf die Frau am Rain zuschritten? Einer hatte ein Tuch um den Kopf gewunden und ging in einem bauschigen Umhang, rostrot wie das Käppchen, das aus dem Tuch wuchs; das Haar des zweiten wallte bis auf die Schulter, er trug eine mannslange Wanderstange, und die weißen Häuser vor den Bergen waren seltsam gezinnt und flachgedeckt. Der Korb mit den Brotlaiben war mir wieder bekannt, das waren Bauernbrote, rund, braun, frischkrustig, und auch der Tonkrug am Rain konnte aus jedem Bauernhaus stammen, doch eine der beiden Frauen, die von der Siedlung heraufstiegen, trug den Krug auf dem Kopf – wo trug man ihn so? – Merkwürdiges Bild. – Das sei Ruth, die Moabiterin, erklärte der Pfarrer, sie habe Ähren auf dem Feld des Boas gelesen; Ruth hieß auch ein Mädchen aus meiner Klasse; was war eine Moabiterin? Sie sah sanft aus und hold, diese Ruth auf dem Bilde, und der Pfarrer erzählte mir ihre Geschichte: Sie sei ein vorbildliches

Mädchen gewesen, das fromm im rechten Glauben gewandelt und immer ehrbar und fleißig gelebt und treu für die Schwiegermutter gesorgt, darum habe ihr Gott auch einen braven Mann, eben den reichen Boas, geschenkt, mit dem sie dann eine vorbildliche Ehe geführt. – Ich hörte kaum hin; mich bannte das Bild: Im Feld zwei Mägde mit nackten Armen; sie blickten so seltsam, was sahen sie? – Ich ging, wenn ich mich recht entsinne, als Kind jeden Mittwoch zur Bibelstunde ins Pfarrhaus; ich erinnere den Grund nicht, doch lebhaft die Freude: Eine Stunde für mich allein vor dem Buch, das, da ich eintrat, stets aufgeschlagen dalag, schräg auf einem Lesepult, das stattlichste Buch, das ich je gesehen, meine Brustweite breit, meine Armlänge hoch, und zugeklappt gewiß nicht zu umspannen. Es lag da, wie ein Felsblock mitten in einem Feld liegt, von Überirdischen dort hingetragen; ich hatte Scheu, es zu berühren, und nur der Pfarrer durfte die Blätter umschlagen, ein neues Bild erscheinen zu lassen, darin wieder auf die aufwühlendste Weise mein Alltag mit Kanaan verschmolz.

Die Sermone des Pfarrers hörte ich kaum; ich nahm sie als eine, wenngleich deutlich mindere, Fortsetzung der frommen Legenden, wie sie mir meine Mutter erzählt, Legenden, die Ur-Vertrautes sagten, das mit dem Wahren zusammenfiel: Geborgensein in Sinn und Ordnung, Gerechtigkeit von Lohn und Strafe, das Vernünftig-Schöne des Guten und die Abscheulichkeit des Bösen, das immer von irgendwo außen kam. – In diesen Legenden fand ich mein Dasein bestätigt; ich war mit ihnen aufgewachsen, sie flossen mit meiner Erfahrung zusammen, und sie bauten, Welt spiegelnd, mein Bild der Welt mit: das eines herzensfrommen Kindes. Am Anfang hatte die Schöpfung gestanden, und Gott hatte gesehn, daß sie gut war, und Mutter erzählte vom Paradies, vom Urahnen Adam und Urmuhme Eva, im wunderprächtigen Garten Eden, wo die köstlichsten Kräuter und Blumen sprossen und Lämmer neben den Löwen grasten und der Sperling im Nest des Adlers schlief, bis dann die böse Schlange herankroch und Eva zum Ungehorsam verführte, zum Kosten von der verbotenen

Frucht, die von Gift und Sünde schwoll. So war denn der Tod in die Welt gekommen, und der böse Kain erschlug seinen Bruder, den Behüter der Lämmlein, den guten Abel, und die Bosheit der Menschen nahm überhand, und Mutter erzählte von der Sintflut, die der liebe Gott niederprasseln ließ, die schmutzig gewordene Welt zu waschen, und von Noahs Arche über den Wassern, und der Taube, die den Ölzweig im Schnabel trug, vom Friedenszeichen des Regenbogens, und vom gehorsamen Abraham, der den eigenen Sohn Gott darzubringen bereit war, und von Jakob, der seine Eßgier zügelte, anders als sein Bruder Esau, und dafür den Segen des Vaters errang, von David, der den Goliath niederstreckte, den bösen, lästerlichen Riesen, vom Daniel in der Löwengrube und dem Jonas, der vom Walfisch verschluckt ward, weil er dem Auftrag des Herrn nicht folgte, und von Joseph, dem Wohlgefallen der Eltern, den seine bösen Brüder als Sklaven verkauften und der dann die Träume des Pharao deutete und die Welt vor der Hungersnot bewahrte, in jenem fernen Ägypterland, wo Moses in einem Körbchen den Nil hinaufschwamm, um sein Volk dann durchs Rote Meer zu führen, nach Kanaan, ins Gelobte Land, drin die Weintrauben groß wie Kälber waren und die Bäche von Milch und Honig troffen – ob es darin auch Fische gab? Es mußte Spaß machen, sie zu fangen, doch sicherlich aß man Besseres. – Ich fragte nie laut. – Die Krönung all dieser innigen Mären waren die vom lieben Herrn Jesus, der bei Ochs und Esel in der Krippe gelegen und später Lahme und Blinde geheilt und tote Kinder auferweckt und Wasser in Wein verwandelt hatte und die Netze der armen Fischer gefüllt und zwei Brote zu Tausenden vermehrt, bis ihn der böse Judas verraten und die bösen Juden ans Kreuz geschlagen, am Karfreitag, dem strengsten Fastentag, dem dann im Schwall der Glocken und Sonne das »Auferstanden« des Osterfests folgte, denn diese Legenden durchblühten das Jahr: Allerheiligen, Allerseelen, Advent, Weihnachten, Dreikönigsfest, Mariä Lichtmeß, Palmsonntag, Karwoche, Ostern, Himmelfahrt, Pfingsten, Fronleichnam, Mariä Erhebung, Peter-und-Pauls-

Tag: ein lebendiges Buch, vom Mond umgeblättert, gänzlich ohne Widersprüche, und offen vor mir wie der lichte Tag.

Als Buch, in dem man lesen konnte, das man mit unter die Bettdecke nahm wie Schwabs Sagen des Klassischen Altertums oder Grimms und Bechsteins Märchen und die der Tausendundeinen Nacht, war die Bibel nicht in meinem Besitz; ich kannte ihre Mären nur aus Mutters Erzählen und ihrem Dasein in meiner Umwelt, dann traten die Bilder im Pfarrhaus heran. Sie brachten ein erregend Neues: das Geheimnis, das aus dem Alltag wuchs. Es war, bei all seiner Süße, phantastischer als jedes Phantasiereich, dahin mich Schwab und Grimm entführten —: die ährenlesende Ruth etwa, was geschah, da sie im reifen Korn stand, die junge Frau vor dem jungen Mann? — Bei Grimm war solch ein Zusammentreffen stets die Begegnung von Alltags- und Märchengestalt, hier waren sie nichts als ein junger Mann, der einer jungen Frau begegnet, und doch fabelhafter als Aschenputtel und König, und zaubrischer als Köhlerknabe und Elfe, und der Blick der Mägde ließ mich nicht los.

Sah ich anderswo solche Bilder nicht? Ich sah sie gewiß wohl allenthalben, doch hier traten sie aus einem Buch hervor, das über alle andern gestellt war, und siehe, meine Welt trat hervor. — So ergriffen mich denn jene Bilder am meisten, die sich gänzlich als Alltag boten, im Begriff, zu enthüllen, was er verbarg: die Möglichkeit eines Wunderbaren, die jedes Wunder überwuchs. — Ein Gespräch auf der Straße, ein Gang übers Feld, zwei junge Männer, einander umarmend, ein Knabe, der ein Lämmlein streichelt, eine Hochzeit, ein Hausbau, ein Mahl im Garten —: was geschah, da nur Alltag geschah und darin doch etwas, das kein Märchen und keine Sage bot? Ja selbst im ersichtlich Phantastischen war dieser Alltagsbezug gegenwärtig: Wenn Herakles mit dem Löwen rang, spielte dies in einer fernen Landschaft und einer entschwundenen Epoche, die beide zwar in mein Träumen einzogen, doch nie in meine äußere Welt; das Ringen Simsons mit dem Löwen hingegen hätte ich nicht nur lokalisieren können (dahin, wo es zwischen Gärtnerei und Kirche den Hang der »Sommerseite« hinaufging, auch wenn dort keine Buchen aus dem Felsboden ragten und kein Raubtier brüllend den Bach entlangstrich); es war ein Kampf, der auch mir einst bevorstand —: Herakles oder Theseus spielte ich; Simson, das wußte ich, würde ich sein, und zwar in ganz wortwörtlicher Weise: Ein Löwe kommt aus dem Zirkus frei und lauert blutrünstig hinter den Häusern, und ich würde den Kampf bestehn. — So Bild um Bild. — Ich würde Elias sein, den die Raben nährten, ich hätte den Stein zu zeigen vermocht, darauf, so wie einer auf einem Gut oder einer Burg sitzt, ich dereinst dann sitzen würde: im Waldsturz hinter dem Hüttenbachfall. Ich würde in der Grube liegen wie Joseph, mit dem Engel ringen wie Jakob, gleich dem Sklaven vom Fronvogt geschlagen werden, den geschlagenen Sklaven rächen wie Moses, und so einst vor Ruth: jener junge Mann, von dem ich erst viel später entdeckte, daß er gar nicht Boas war.

Merkwürdig, daß ich lange nicht Lust verspürte, auch die Texte nachzulesen; die Bilder füllten die Phantasie. Es waren, die mich dergestalt bannten, die Bücher des Alten Testamentes; die Evangelien überstiegen mein Dasein. Ihre Bilder sah ich in stummer Ehrfurcht: Die Gestalt, die statt des Heiligenscheins den Glanz der lebendigen Sonne ums Haupt trug, war nicht mehr das liebe Jesulein, mit dem zu spielen man sich vorstellen konnte; sie verwehrte jede Identifikation. — Der Herr. — Er war nah, und doch gänzlich im Unnahbaren; zu seinem Bild die Augen aufzuschlagen war das Äußerste, was mir mein Frommsein erlaubte, und doch waren gerade diese Bilder so prall von Alltag wie keine andern, und manche bedrängten mich über die Maßen, etwa die Vertreibung der Wucherer aus dem Tempel, oder die Erweckung des toten Mädchens, oder das Schreiben in den Sand. Ich spürte unruhig, daß sie mich betrafen, allein auch um die herausforderndsten lag still jene sonnenhafte Aura, die mich nicht zu nahe treten ließ.

Ich erinnere nicht, wann zu diesen Bildern, denen des

Schnorr von Carolsfeld, die Holzschnitte Albrecht Dürers traten, jene zur Apokalypse Johannis, einem Buch, das ich gewißlich sehr früh las, wahrscheinlich als erstes jener 72 Bücher, die zusammen die Bibel bilden. – Erkannte ich meinen Alltag auch hier? – Sie waren, diese Visionen, die Verwirklichung dessen, das man in seinen schwärzesten Träumen herbeiwünscht, Stunden, da man an der Welt derart verzweifelt, daß man, wenn nur so die Mächtigen fallen, die Vernichtung der Menschheit wünschen mag. – Hielt der Wunsch einer helleren Stunde stand? – Was standhielt, war das Phantastische, und zu dessen Bildern diese Namen: »Das versiegelte Buch« – »Die Lösung der Siegel« – »Die vier apokalyptischen Reiter« – »Die sieben Posaunen« – »Die Schalen des Zornes« – »Das Weib und das Tier« – »Die Große Hure von Babylon« – »Harmagedon« – »Der Engel mit dem Mühlstein« – »Gog und Magog« – »Die Loskettung Satans« – »Die letzte Schlacht«. – Ich nahm sie voll Verzückung an und träumte sie; blieb es ein Traum? – Ich lag im Gras, unter schaukelnden Halmen, und roch den Thymian und hörte die Grillen und spürte die Wärme des nackten Ackers und sah droben die Wolken, Reiter auf Rossen, sie begannen zu rasen, Drachenköpfe, sich bäumende Schweife, Schwerter, die wüste Leiber zerhieben, eine Waage schwankte schrägauf, zwei Säulen stapften über die Berge, überwuchsen, Engel des Zorns, die Sonne, und ich rannte, da die Donner zu brüllen begannen, im peitschenden Feuerhagel nach Hause, das Firmament bebte, rings Fahnen von Bränden, doch auch die ärgsten Gewitter vergingen, und meine Erde stand unversehrt, dampfend und duftend, in einem Grün, das in wildester Gier zu leben begehrte, Wasser stürzte von ihren Flanken, ihre Berge ragten um nichts gemindert, und ihre Lüfte leuchteten. – Wie sollte Weltuntergang Wirklichkeit werden? – Nein, dieses Buch fiel aus dem Alltag heraus, es gehörte zu den Märchen und Sagen. – Zwar: der Jüngste Tag, das Ende aller Dinge, die Auferstehung der Toten, das Letzte Gericht waren Glaubensinhalt der Christenlehre, doch ich glaubte ja auch an die schöne Erde, sie trug mich, sie fuhr mich durch die Sterne, sie konnte doch nicht ins Nichts zerglühn? Wer sollte ihre Berge zerspellen, ihre Flüsse austrocknen, ihre Himmel verwehn? Die Reiter mit Bogen, Schwert, Waage und Dreizack, und das Untier, das mit ihnen lief? — Ihr leibhaftiges Dasein war durchaus glaubbar, aber niemals solche Macht. — Oder etwa doch? — Ich nahm sie, diese schrecklichen Vier, als Wesen zwischen Engeln und Teufeln, irgendwo tief im Bauch der Erde, irgendwo hoch in den Grotten der Wolken, und wußte doch früh als ihr furchtbarstes Geheimnis, daß sie weder da noch dort, sondern in einem andern Reich hausten, in einem Buch, daraus sie freikommen würden, wenn man dessen Siegel löst. Manchmal wünschte ich heftig, ich könnte es tun, und rief sie auch gleich Nothelfern an, ein Unrecht zu tilgen, dem ich erlag: *sie* würden meine Ohnmacht rächen. — Ihr Abbild, in einer billigen Reproduktion, war mein innig gehüteter Besitz; ich zeigte sie keinem. — Ich starrte sie an, wenn ich im Bett lag, und sah die Hufe des falben Rosses einen gekrönten König zertreten; das Haupt stak schon im Maul eines Drachen, ich wußte jählings des Königs Namen, und der Engel, der aus den Wolken herausfuhr, segnete den vernichtenden Zug. Er sah mir ins Gesicht, seine Augen strahlten, und manchmal war mir, als lachten sie.

Jene Vier bei Schnorr —: ich erinnere mich nicht, daß der Pfarrer jemals ihr Bild aufgeschlagen; er drohte zwar sehr oft mit der Hölle, sie war mir näher als der Himmel, doch dieses Bild erinnere ich nicht, und auch sonst keines der Apokalypse. Ich hätte es wohl nicht vergessen können: Aus Rächern waren Schlächter geworden, die auch Kindern die Köpfe abmähten, und Gott auf seinem Thron schaute zu.

Doch ich kann vom Heute aufs Gestern schlecht schließen; ich entdecke bei Schnorr immer mehr Ungeheuerlichkeiten, die mir so nicht im Gedächtnis sind. Etwa das Idyll der ersten Menschenfamilie nach der Austreibung aus dem Paradies —: Da sitzt Eva mit einem Spinnrocken unterm dürftigen Dach, vor ihr, ein Hüne, Urvater Adam, erschöpft auf einen gewaltigen Hammer, ein langschäftiges Ur-Werkzeug, gestützt; Kain, sein erstgeborener Sohn, hat ihm eine Frucht gepflückt und bietet sie zur Labung an, allein der Vater mißachtet die Gabe: Er blickt innig auf seinen Jüngsten, auf Abel, der sich, von zahmen Tieren umdrängt, an den Schoß der Urmutter schmiegt, die ihn gleichfalls mit seliger Freude anschaut; ein Lamm legt den Kopf an die Brust des Knaben, und der, ein hold unschuldiges Kind, krault ihm zärtlich lächelnd den Fleck der Kehle, dahinein er bald den Stahl stoßen wird.

II

Die frommen Mären; die Bilder, und dann die Geschichten —: ich weiß nicht, wann ich mit dem begann, was man »die Bibel lesen« heißt und das ja kein Lesen im üblichen Sinn ist; ich weiß nur, daß meine Mutter zögerte, als ich sie um ihr Exemplar bat. Ich werde es nicht verstehn, meinte sie, ich sei dafür noch viel zu jung, es gebe da soviel schwierige Stellen, und ich verstand dann auch manche nicht, doch ich bezweifle, daß es die Stellen waren, die meine besorgte Mutter gemeint; sie fürchtete wohl bestimmte Wörter: »Brüste«, »Schoß«, »schwächen«, »empfangen«, »schwanger«, »Buhle«, »Onan«, »Hurerei«. — Ob in der Klosterschule, in die ich bald danach kam, das Bibellesen untersagt war, will ich nicht mit Bestimmtheit behaupten; ermuntert dazu wurden wir keinesfalls.

Da ich die Geschichten zu lesen begann: bestätigten die Mären sich, begannen die Bilder sich zu entfalten? — Die Mären waren eindeutig gewesen, eindeutig und eindimensional; die Welt war heil, das Heil war verkündet, das Böse war vom Guten geschieden und die Menschen in Böse und Gute; die Bösen kamen in die Hölle und die Guten in den Himmel, und die Mären wiesen den rechten Weg. Sie waren eindeutig wie jede Gewißheit, doch als sie dann im Buch des Pfarrers betörend als Bilder leuchteten, begann diese Eindeutigkeit aufzubrechen —: ihr Erzähltes war jetzt nur der Vordergrund, hinter dem ein Anderes umging, ein Geheimnis, das mich bannte: Ich fühlte, daß es von jener Art war, die im eigenen Ich bedrohlich aufstand und, meine Naivität zerstörend, mich aus meinem Kindsein warf.

Ich begann die Geschichten der Bibel zu lesen: ein Riß; und der Abgrund Mensch klaffte auf.

Um ein paar von ihnen zu zeigen: Da ergeht, in einem Krieg auf Leben und Tod, ein König sich auf dem Dach des Palastes, erblickt die badende Frau eines seiner Offiziere, schwängert sie, und um seinen Frevel zu vertuschen und die Erwählte bei sich halten zu können, schickt er ihren Mann in den sicheren Tod. – Ein Königssohn begehrt seine Schwester, erklärt, ohne ihren Leib nicht leben zu können, lockt die Sorgende durch eine List auf sein Lager, doch am Morgen schon ihrer überdrüssig, läßt er sie auf die Straße werfen, und ein Bruder, der sie rächt, geht als Aufrührer zugrund. – Zwei Kundschafter schleichen sich in die Stadt des Feinds ein und suchen nachts das Haus einer Hure auf; sie offenbart sich als Glaubensgenossin der beiden, die unterdes bemerkt worden sind, und bietet ihnen Fluchthilfe an; nach dem siegreichen Sturm auf die Stadt wird sie als einzige verschont. – Die Ehefrau eines Würdenträgers begehrt dessen Dieners Liebe; er, seinem Herrn treu, weist sie ab, sie zeiht den Jüngling versuchter Schändung, und ihr Mann wirft ihn in den Kerker. – Eine junge, mittellos gewordene Witwe liest Ähren auf dem Feld eines Reichen; ihre Schwiegermutter stiftet sie an, nachts heimlich in sein Bett zu schlüpfen, und so gewinnt Ruth Boas zum Gemahl. – Ein König findet Gefallen am Tanz seiner Tochter, verspricht ihr als Lohn eine Wunscherfüllung, und sie wünscht und erhält das abgehaune Haupt eines Propheten, der ihre Mutter der Blutschande anklagt. – Ich las gierig wie nie. – Das Sensationelle der Wörter war bald verdampft; was blieb, war das Sensationelle der Seelen, das doch nichts als das Alltägliche war. – Was ich da aus der Bibel sog, war nicht das, was man sexuelle Aufklärung nennt, wiewohl sie auch die nebenbei so leistete, wie man etwas nebenbei leisten kann.

Diese Geschichten machten sich nicht anheischig, das Geheimnis des Geschlechts aufzulösen, sie sprachen aus diesem Geheimnis heraus. Sie machten sich überhaupt nichts anheischig, sie schienen, diese Geschichten, durchaus das nicht zu haben, was »Anliegen« heißt, sie wollten nichts Anderes als erzählen, was sich mit einem Volk zugetragen, offen, ungeschminkt, radikal ehrlich: So handelt der Mensch, und nun sieh du dich an! Diese Geschichten wurden dem Menschen gerecht, da sie ihn als Widerspruchswesen zeigten, und da sie, die Geschichten, Geschichte erzählten, die Geschichte eines, nein: des auserwählten Volkes, offenbarte sich dieser Widerspruch als Widerspruch im Gesellschaftlichen. Der Schwache war stark und der Starke schwach, der Niedrige ward erhöht und der Hohe erniedrigt: Da zog einer mit dem Auftrag aus, seines Vaters Eselinnen zu suchen, und kehrte zurück als gesalbter König eines Reichs, das entstehen mußte, und auf dem Gipfel dieses Reiches, Salomons goldenen Tempel vor Augen, prahlte einer, da er den Thron bestieg, sein Vater habe das Volk mit Geißeln geschlagen, er aber werde es mit Skorpionen züchtigen, doch ehe er noch die Peitsche hob, war er gestürzt und das Reich geteilt —: Die Macht war stark, indem sie wuchs, und eben darin lag auch ihre Schwäche, alle Geschichte vollzog sich im Werden, im Entstehen lag schon das Vergehen, allein da die erzählten Geschichten zugleich Heilsgeschichte erzählten und in Aufstieg und Fall Lohn und Strafe erblickten, war der Widerspruch zurück in den Menschen gelegt, als Widerspruch von Gut und Böse, und was die Reiche erschütterte, geschah auch im Menschenherzen allein. Der jähe Wechsel von Aufstieg und Fall war das Beharrende in den Wirren der Zeiten, wie der stete Sturz in Schuld und Sünde und das Sich-Erheben aus ihrer Tiefe das Wesen eines Menschen machte, eines Bettlers nicht minder als das eines Königs. Der krumme Weg konnte der gradeste werden und der gerade nie das Ziel erreichen, das doch sichtbar in seiner Bahn lag; im Werden verschränkte sich Hoffen und Bangen; Huldigung und Verleugnung schmolzen ineinander, in der

Treue war Verrat angelegt, in der Liebe Haß, in der Demut Hoffart; im Segen schwang Fluch, und im Fluch dröhnte Segen, Wahn und Narrheit schlugen um in Weisheit, und der schärfste Verstand zeugte leeres Geschwätz oder stürzte gar ins Verderben: »Weise sind sie, wenn es gilt, Böses zu tun, aber Gutes zu tun verstehn sie nicht«, so Jeremias, 4, 22.

Da die Geschichten, so eng auch ihr Spielraum sein mochte, immer Volksgeschichte als Heilsgeschichte und Heilsgeschichte als Weltgeschichte erzählten, mußten sie notwendig das Weltall in sich ziehn —: Es war ja, so weit es auch reichen mochte, gleich dem Staubkorn Geschöpf des Einen, der den Menschen geschaffen hatte, und wurde Weltgeschichte erzählt, mußte wohl das Schicksal der Welt erzählt sein, von ihrem Anfang bis zu ihrem Ende, ein Welttheater kosmischen Maßes, und immer auf zwei Ebenen gespielt: Theologische Dispute trugen sich als Kämpfe der Völker und Kämpfe von Völkern als theologische Dispute zu, in die sich seltsame Heere mischten: Heuschrecken, Wanzen, Frösche, Fliegen, aufgeboten als Argumente, die wahre Gottheit zu beweisen, die Wasser der Flüsse wurden Blut oder teilten sich über ihren Betten, Tiere und Donner erschienen als Boten, Stürme als Herolde, Blitze als Krieger, ein Walfisch diente als Schiff für einen ungehorsamen Propheten, eine Schweinsherde als Herberge für ausgetriebene Dämonen, ein Rizinusbaum wuchs als Gleichnis auf, die Sonne war einem General verbündet, und ein Stern verließ seine Bahn, drei Könige an einen Stall zu führen. Das Phantastische war so alltäglich geworden wie das Alltägliche phantastisch, denn die Natur unterhalb des Menschen erschien niemals personifiziert, und wenn eine Eselin redete, so nicht, weil sie ein verwandelter Mensch, sondern ein Werkzeug im Heilsplan war. Ihre Stimme war dann Gottes Stimme, oder des Menschen Ohr war so geschärft, die Stimme des Tieres zu verstehen, und beides lief auf eines hinaus, die Verständigung zwischen Gott und Mensch. So unermeßlich das Weltall auch war, der Mensch hatte eine Sonderstellung, er war der Herr über alle Schöp-

fung, doch dieser Herr war vor Gott nackt, und seine Nacktheit an Leib wie Seele forderte ehrliches Erzählen —: Wie konnte, da der Mensch unmittelbar zu Gott war, zwischen beiden das Mittel der Lüge stehn? So war denn das Welttheater auch innen: Stürme über der Wüste und Stürme im Herzen, Wölfe brachen in Pferche und brachen ins Fühlen, und Fleisch und Geist waren widereinander und doch geeint in dem Wesen gesetzt, das als Beides an Beidem litt wie aus Beiden die Lust seiner Seligkeit zog: Ebenbild Gottes, aus Kot geschaffen und Gott gleich im Erkennen von Gut und Böse —: das also hieß Mensch-Sein; ich las und las.

Man konnte nicht kontinuierlich lesen, da war viel, was mich noch nicht interessierte, Kultbräuche, Speisevorschriften, Gesetze, Gebote, Namenslisten, Geschlechterregister, Topographie und Geographie und Kriege und immer wieder Kriege, auch ging im Text offenbar viel durcheinander, manches wurde doppelt erzählt, manches verlief sich, manches schien sinnlos, manches riß ab, manches widersprach sich, so gleich zu Beginn der Schöpfungsbericht, der einmal Adam und Eva gleichzeitig, und dann Eva aus Adam entstehen ließ. — Es störte mich nicht. — Es war eine andere Weise zu lesen, so etwas wie ein Streifzug, eine Art Jagd auf die Geschichten, doch ich brauchte sie nicht mühevoll aufzuspüren —: Ein Wort wie ein Anruf, und man stand gebannt. — Auch im Altvertrauten erschien nun ein Neues, eine Wendung ins Ungeahnte, das den Geschichten jählings die Dimension gab, die ihnen im Naiven gefehlt hatte: Tiefe. Wiederum klaffte ein Abgrund auf, just da, wo man sichersten Grund gewähnt, und ich spürte den Schwindel der Versuchung, die vom Geist, nicht vom Fleisch ausging. Sie lag in der Sache und war nicht zu fliehen: Im Paradies ging die Schlange um, die hatte ich zwar schon vordem dort hausen gewußt, allein nun begann ihr Leib zu funkeln, ihre Worte klangen nicht nur betörend, sondern auch verständig richtig, und der Baum der Erkenntnis war »ein lustiger Baum«, warum hatte ihn so keiner genannt, der mir vom Garten Eden erzählte? Und warum fürchtete Gott, daß der Mensch ihm gleich sei, warum hatte er den Baum überhaupt wachsen lassen, und wenn er strafte, warum mit Qualen, solange das Menschenvolk dauern würde? Warum – ich versuche eine Entwicklung zu zeichnen und nicht einen Problemkatalog aufzustellen –, warum verschmähte er das Kornopfer Kains und weidete sich am Blutopfer Abels, und wenn Kain verflucht war, nie seßhaft zu werden, warum war ihm alsbald vergönnt, sich niederzulassen, und seine Sippe brachte Künstler und Schmied hervor? Oder bevor die Sintflut schwoll: Wer waren diese Gottessöhne, die auf die Erde hinunterstiegen, sich mit den Töchtern der Menschen zu mischen; warum wurde Korahs Rotte so grausam gestraft, daß sie die Erde lebend hinabschlang, die doch weit ärgere Frevler trug; warum mußten Kinder zu Tausenden sterben, weil jenes Eine in die Welt trat, und wenn es im Heilsplan beschlossen lag, daß der Menschensohn verraten wurde, warum war dann Judas Ischarioth schuldig, und mehr –: Wie ging dies beides zusammen: freier Wille und göttliche Vorsehung?

Fragen um Fragen aus den Geschichten, die Geschichten wie nirgendwo anders waren, nicht bei Schwab, gar bei Grimm war Ähnliches zu finden. Sie sprangen mich aus den Blättern an, und sie hatten auch etwas Tigerhaftes, geschmeidig, in knappsten Sätzen erzählt, schlank und doch prall von Ungeheurem; ihre Sätze waren Prankenhiebe; ihre Schläge rissen mein Frommsein auf, und in die Wunden das Salz der Fragen.

Den Unterschied zwischen den Geschichten aus Kanaan und denen vor Troja –: ich fühlte ihn früh und faßte ihn spät. Sein Begreifen wuchs aus Problemen. Etwa Segen und Fluch, was waren sie, daß sie, von Menschen gesetzt, sogar Gott banden und nicht mehr zurückzurufen waren, auch von dem doch Allmächtigen nicht; er konnte bei einem Fluch nur die Richtung ändern. Isaaks Segen, einmal von Jakob erlistet, war nicht mehr für Esau zurückzunehmen oder auf ihn zu übertragen, und die spätere Spaltung des Reiches war noch vor dessen Gründung im Fluch Jakobs angelegt. So mächtig stand also der Mensch zu Gott. Im griechischen Mythos war das undenkbar; dort waren die Götter zwar auch gebunden, jedoch von oben, von den Moiren, den Uralten, Grauen, dem webenden Schicksal, das über Götter wie Menschen befand; in der Bibel aber band der Mensch Gott. – Noch einmal: Was für eine Macht! – Bei den Griechen war alles menschliche Handeln ausschließlich von den Göttern gefügt, und der tapferste Held tat gut, das zu wissen, sonst traf ihn, wie den starken Aias, ihr strafender Arm. Daß der Mensch nur ein Tonkrug in Gottes Hand sei, erklärte die Bibel zwar auch allenthalben, doch dieser Tonkrug, dieses Stück redender Lehm, konnte in den Willen seines Schöpfers wirken und dessen gefaßten Entschluß abändern –: Kein Schicksal stand unabänderbar fest; ein Ödipus war in der Bibel sowenig denkbar wie ein Abraham bei Homer. Der Gott, der da JHWH genannt war, entbrannte zwar rasch in furchtbarem Grimm, so über Sodom und Gomorrha, das er zu vertilgen beschloß, allein er beschloß dies nicht aus Willkür, wie ein griechischer Gott, den es so ankommen konnte –: seine Entschlüsse waren ethisch begründet, und so ließ er im Ethischen mit sich handeln: Er möge nicht zürnen, wenn sein Knecht etwas frage, aber sei es wirklich gerecht, mit den Frevlern auch die Frommen in Sodom zu vernichten? Vielleicht gebe es dort immerhin ihrer fünfzig: Wenn man die in Sodom finde, müßte ihretwillen die Stadt nicht verschont sein? – Zugestanden, um fünfzig Gerechter willen solle die Stadt nicht brennen müssen. – Aber (da man nun schon einmal davon spreche) wenn an dieser Zahl nur eine Handvoll fehle, und es wären ihrer nur fünfundvierzig? – Auch dann! – Und (man sei zwar nur Staub, doch man wage zu fragen) ihrer vierzig? – Also gut, auch dann; und so hinab bis zu dreißig, und zwanzig, und zehn Gerechten, jedoch auch diese fanden sich nicht.

Schade, sie hätten die Städte gerettet.

Unvorstellbar, so etwa mit Hera zu rechten, die seit dem Urteilsspruch des Paris auf nichts denn Trojas Untergang sann; sie wäre nie umzustimmen gewesen, und kein Flehen und Weinen hätte sie gerührt. Seit der Troerprinz den Goldenen Apfel Aphrodite zugesprochen, sahen die Verschmähten, Hera und Athene, diesen Menschen als ärgsten Frevler an; um seinetwillen mußte die Stadt zerstört sein, und hätte sich Paris anders entschieden, wären es zwei andere Gottheiten gewesen, die wider ihn auf Rache gesonnen: Er konnte handeln, wie immer er wollte, er machte sich stets eine Gottheit zum Feind. Sein Schicksal war tragisch, Grundzug der klassischen Sagen: Im Zusammenprall zweier gleichrangiger Werte, personalisiert in zwei gleichrangigen Göttern, die unabdingbare Vernichtung des Helden; die monotheistische Bibel zeigte andere, a-tragische, nicht minder wesentliche Aspekte menschlichen Existierens, den des Gerechten, des Propheten, des Bezeugers, des Jüngers —: allesamt, und selbst als Märtyrer, nicht Opfer unabwendbaren Schicksals, sondern Kämpfer für die Idee. Denn JHWHs Zorn mußte man nicht erregen, man hatte die Wahl von Gut und Böse, die Ideen, nicht Formen des Handelns waren, und selbst wenn man sich für das Böse entschied, blieb die Entscheidung zur Umkehr möglich. Mirjam etwa, die da »Prophetin« genannt ward, sie hatte Schuld auf sich geladen, da sie mit Aaron gegen ihren Bruder Mose gelästert, und »der Zorn Jahwes entbrannte gegen sie. Als er« (Jahwe) »gegangen und die Wolke vom Zelte gewichen war, siehe da war Mirjam aussätzig wie Schnee geworden ... Da sprach Aaron zu Mose:

›Bitte, mein Herr! Laß uns doch nicht die Sünde büßen, die wir so töricht waren zu begehen! Sie sei doch nicht wie ein totes Kind, dessen Fleisch beim Austritt aus dem Mutterschoß schon halb verfault ist!‹

Da schrie Mose zu Jahwe und sprach: ›Nicht doch! Mach sie doch wieder gesund!‹

Jahwe aber sprach zu Mose: ›Hätte ihr Vater ihr ins Gesicht gespien, müßte sie da nicht sieben Tage hindurch sich schämen? Sieben Tage lang soll sie aus dem Lager ausgeschlossen bleiben, danach mag sie wieder aufgenommen werden!‹«

Wiederaufnahme ins Lager hieß vollzogene Heilung; Aussätzige waren ausgeschlossen. – Mirjam hätte nicht sündigen müssen, sie war vor die freie Wahl gestellt, und die Reue, die Aaron mit ihr aussprach, war wiederum ein Akt freier Wahl – es gab ja auch Beispiele für ein Verstocktsein und die Entscheidung gegen Gott.

Diese Stellung des Menschen war einzigartig: der Tonkrug, der mit dem Töpfer rechtete, wider ihn murrte, ihm Anklagen ins Gesicht schrie, ja der leibhaftig mit ihm rang, wie Jakob es eine Nacht lang getan, bis ihm die Hüfte aus der Pfanne gerenkt ward: Ich lasse dich nicht, du segnest mich denn! – Und der Segen wurde erzwungen. – Wenn Diomed die Lanze gegen Ares hob, dann nur, weil eine stärkere Gottheit, Athene, in seinem Kampfwagen mitfuhr, und die hatte vorher ihrem Schützling die Gabe verliehen, in der Schlacht die Götter in Menschengestalt von den Sterblichen unterscheiden zu können: »Drum, so etwa ein Gott herannaht, dich zu versuchen, / hüte dich, seligen Göttern im Kampf entgegenzuwandeln«. – So ging Diomed Ares aus dem Weg, bis daß Athene neben ihm stand, und es war recht eigentlich ihr Werk, daß ein Schwert dem Kriegsgott die Weiche aufschlitzte. – Undenkbar, daß der Sonnengott sich von einem Josua hätte anbrüllen lassen, seinen Wagen so lange anzuhalten, bis der Feind geschlagen war, damit der nicht in die Nacht entkomme, oder daß Apollon durch eines Sterblichen Handeln von einem Racheplan abzubringen gewesen wäre wie JHWH von der Absicht, Mose zu töten, durch die Afrikanerin Zippora: »Da nahm Zippora einen scharfen Stein, schnitt die Vorhaut ihres Sohnes ab, berührte damit seine« (Jahwes) »Scham und sagte: ›Ein Blutbräutigam bist du mir!‹ Darauf ließ er« (Jahwe) »von ihm« (Mose) »ab.« – Was für eine Macht; wo lag ihre Wurzel? – Hatte die Schlange also doch recht behalten, lag diese Macht im Erkennen von Gut und Böse, dadurch man frei ward, Gutes und Böses zu wirken, und darin Gott gleich, wie die Schlange verheißen – aber konnte Gott denn Böses tun? Ungeheuerlicher Gedanke, doch es wurde ihm auf den Kopf zugesagt, und mit den besseren Argumenten als denen der

Abwehr solchen Vorwurfs, denn mit JHWH wurde nicht nur gerungen, man konnte ihn auch im Kampf besiegen, eben in seiner ureigensten Sphäre, dem Felde der Gerechtigkeit. Hiob, da er auf dem Dunghaufen saß und seine Geschwüre mit einer Scherbe kratzte, nach griechischem Fühlen ein sittenwidriger Anblick, unerträglich dem Blick der Seligen droben und höchst widerwärtig den Helden drunten —: Hiob auf dem Mist blieb im geistigen Kampf Sieger, er hatte die gültigen Argumente, die bis heute noch nicht widerlegt sind, denn was dann als fromme Versöhnung folgte, das Einlenken Hiobs und sein Unterwerfen in Staub und Asche just nach dem schwächsten Auftrumpfen Jahwes, hatte nichts Glaubwürdiges mehr für sich, das war kein Abschluß eines geistigen Ringens ohnegleichen, das war jene nur zu gut bekannte Erbauung, wie der Pfarrer sie als moralischen Bannkreis um die Bilder des Buches gezogen hatte.

Man hüte sich vor dem Erbaulichen; an diese Warnung Hegels ist nicht oft genug zu erinnern, gerade wenn man die Bibel liest. — Das Erbauliche schreitet am Wesen vorbei. — Etwa 1. Buch der Könige, Kapitel 19, jene kleine Geschichte, da Elias in die Wüste flieht, einsam, todbedroht, von Häschern gehetzt, und selbst auch des Lebens überdrüssig geworden, gescheitert, bitter, müde, verzweifelt, er möchte nur noch unterm Ginsterstrauch liegen und warten, bis der Tod ihn erlöst, jedoch ein Engel treibt ihn weiter und heißt ihn nach dem Berg Horeb zu gehen, vierzig Tage durch die Wüste, den letzten Auftrag Jahwes entgegenzunehmen, und Elias hat sich aufgerafft und liegt nun in einer Höhle des Horeb, bereit, vor Jenen hinzutreten, dessen Antlitz man nicht schauen darf. Ein Sturm zieht vorbei, der »Berge zersprengt und Felsen spaltet«, aber Jahwe ist nicht in diesem Sturm, und dann ein Beben, das die Erde erschüttert, aber Jahwe ist nicht in diesem Beben, und dann ein Feuer, doch auch darin nicht Jahwe, und dann »ein leises, sanftes Säuseln«, und da verhüllt Elias sein Antlitz und steht auf und tritt an den Eingang der Höhle, denn in diesem Säuseln weiß er den Herrn. — Welche Gelegenheit, draus Erbauung zu ziehen! – Allein sie verdunkelt jedes Verständnis, da ist nichts von Stille und Sanftmut, denn der Auftrag, der nun an Elias ergeht, wird schlimmere Mächte freisetzen als Sturm und Erdbeben und Feuer: ein jäh aus dem Staub gefahrener König, ein blutsäuferischer Reiterobrist und ein fanatischer Wundertäter, die unter Israels Stämmen wüten wie einst die apokalyptischen Vier –: »Denn so soll es geschehen: Wer dem Schwerte Hasaels entrinnt, den wird Jehu töten, und wer dem Schwerte Jehus entrinnt, den wird Elischa töten.« – Und also geschah es. – Erbauung ist da fehl am Platz; was not tut, wäre ebender Schauder, den Elias im säuselnden Anhauch gespürt, die Stille vor dem furchtbarsten Sturm, vor den noch ungekannten Schrecken, die von außen wie im Innen heraufziehn. Solcher Geschichten sind viel in der Bibel zu finden, die Erbaulichkeit freilich deckt sie zu.

Im Bann der Geschichten begriff ich eine Entwicklung: am Anfang die einfältig frommen Legenden, dann die Bilder, durch die Geheimnisse glühten, schließlich die unerhörten Geschichten, daraus lavagleich die Probleme brachen, in denen mein Glauben zusammenschmolz. Mit ihnen wähnte ich mein Wegstück mit der Bibel am Ende, und das schien so auch für einige Zeit.

Dann traten die Gestalten heran.

III

Der Zug der Gestalten –: es war in der Ukraine, irgendwo zwischen Poltawa und Charkow, da er jählings vor mir erschien. Ich hatte eine gesprengte Telephonleitung zu flicken und erhielt Quartier bei einem Stab; eine Bücherei, endlich wieder Gedichte, und ein Band des Autors des »Cornet«. Ich schlug ihn auf und war im Bann:

Ach sind auch Könige nicht von Bestand
und dürfen hingehn wie gemeine Dinge,

obwohl ihr Druck wie der der Siegelringe
sich widerbildet in das weiche Land.

Wie aber konntest du, so angefangen
mit deines Herzens Initial,
aufhören plötzlich: Wärme meiner Wangen.
O daß dich einer noch einmal
erzeugte, wenn sein Samen in ihm glänzt.

Irgend ein Fremder sollte dich zerstören,
und der dir innig war, ist nichts dabei
und muß sich halten und die Botschaft hören;
wie wunde Tiere auf den Lagern löhren,
möcht ich mich legen mit Geschrei:

denn da und da, an meinen scheusten Orten,
bist du mir ausgerissen wie das Haar,
das in den Achselhöhlen wächst und dorten,
wo ich ein Spiel für Frauen war,

bevor du meine dort verfitzten Sinne
aufsträhntest wie man einen Knaul entflicht;
da sah ich auf und wurde deiner inne: –
Jetzt aber gehst du mir aus dem Gesicht.

Die Klage Davids um Jonatan, und ich war Soldat in Hitlers Armee. – Ich werde den Schauder nie vergessen, der mich über diesen Strophen anfiel, abermals der Tigersprung, ich spürte den heißen Atem im Nacken. – Was ich da in betörenden Versen las, die mich bis zum Zittern erregten, war das Trauern eines jungen Juden um seinen getöteten Manns-Geliebten, und ich war Soldat in Hitlers Armee, Gefolgsmann des Führers, seinem Willen ergeben – was geschah mir, da dieses Gedicht mich so hinriß wie noch kein anderes vor ihm?

Durch jede Männergesellschaft in latenter Sexualnot schwingt auch homosexuelles Begehren, doch die Verführung von jenem Gedicht her war mehr. Heute weiß ich, was mir geschah: das jähe Erfahren von Alternative in einer Gesellschaft, darin Alternative nicht sein darf, auch nicht im privatesten Bereich, nicht einmal in einer Zwei-Menschen-Gemeinschaft. Darum war ihr Ort auch das KZ, das einzog, was die Gesellschaft ausstieß, so eben auch David und Jonatan und solche, die sich zu ihnen bekannten. – Tat ich das, da Rilkes Gedicht mich ergriff? In jenem Moment, im heimlichsten Grund meines Herzens, hätte etwas heftig »Ja!« gesagt –: Die Freiheit erschien in der Nacktheit eines Engels, der nicht Mann ist und nicht Frau ist, und doch von einem blendenden Glanz. Das klingt pathetisch, allein es war so: Die Gesellschaft, darin ich so fest integriert stand, daß ein Andres als ebendies Integriertsein auch nur zu denken mich gar nicht ankam, war ja das so vollkommen Begrenzte, daß jeder Schritt über eine ihrer Normen, auch wenn er nur im Geist geschah, als Schritt ins Freie erscheinen mußte, ins, weil uneingeschränkt Verbotne, unbewußt über alles Begehrte –: Kosten von der verbotenen Frucht. Damals ahnte ich wohl zum ersten Mal das zutiefst Subversive der Erotik wie das zutiefst Subversive der Dichtung, und es konnte kein Zufall sein, daß gerade in einer Gestalt der Bibel diese Insurgenzen zusammenflossen.

Ich versuche die Stunde zu erinnern, die Davids Gestalt erscheinen ließ; ich besitze noch eins meiner Exzerpte-Heftchen, winzige, zitternd gedrängte Schrift. – Irgendwo zwischen Kriwoi Rog und Poltawa: Ein verglühender Julitag, der mit seinem Staub und Wermut in die stickige Wärme des Abends hinabsank, die nach angebranntem Sonnenblumenöl und Benzol und trübem Kartoffelschnaps roch. – Drinnen Skatspielen, Stiefelwichsen, Zoten; draußen Sterne und Feuer, ich sah sie nicht. – Reste von Geräuschen des Etappenalltags: Laufschritte, Schwappen von Wasser, Gelächter; Grammophongedudel aus dem Kasino; manchmal ein Brüllen; durchdringendes Kreischen; ringsum das Heulen hungriger Hunde, und das zähe Schweigen des Horizonts. Hinter ihm lagen die Partisanen; auch sie erschienen in diesen Versen, ich wähnte meinen Kriegsalltag zu lesen, allein wie waren die Fronten bestimmt? Wer waren die Baalspriester, wer die Gerechten? –

Da stand Josua; der war doch ein Jude, und ich las, wie er seinen Landtag berief: »Wie waren die geschlagen, welche lachten, / wie hielten alle Herz und Hände an, / als hübe sich der Lärm von dreißig Schlachten / in einem Mund; und dieser Mund begann. // Und wieder waren Tausende voll Staunen / wie an dem großen Tag vor Jericho, / nun aber waren in ihm die Posaunen, / und ihres Lebens Mauern schwankten so, // daß sie sich wälzten von Entsetzen trächtig / und wehrlos schon und überwältigt, eh / sie's noch gedachten, wie er eigenmächtig / zu Gibeon die Sonne anschrie: steh! // Und Gott ging hin, erschrocken wie ein Knecht, / und hielt die Sonne, bis ihm seine Hände / wehtaten, ob dem schlachtenden Geschlecht, / nur weil da einer wollte, daß sie stände. // Und das war dieser; dieser Alte war's, / von dem sie meinten, daß er nicht mehr gelte / inmitten seines hundertzehnten Jahrs. / Da stand er auf und brach in ihre Zelte«

— und mit ihm sie alle. — Gedrängteste Schrift. — Ich hockte in der schweißgrauen Baracke und trank Fusel aus dem Kochgeschirrdeckel und raunte die Verse in mich hinein, die den Zug der Gestalten beschworen: Jeremias, der über sein Volk hin heulte, und Esther, die aus der Asche stieg, und Elias mit den bluttriefenden Händen, und David, der die Harfe vor jenem schlug, der ihn zu töten gesonnen war, und Saul, der auf dem Gipfel der Macht sich zur geächteten Hexe hinabstahl, daß sie ihn der Zukunft kundig mache, und Samuel, der aus dem Totenreich hochkam, noch einmal seinem König zu fluchen, und Abisag auf dem Lager des Greises, und Absalom mit dem leuchtenden Haar, das dann der Terebinthenast fing, und der aussätzige König, und die Sibylle, und der Sohn, der aus dem Vaterhaus fortging und wußte doch nicht in welches Leben, und Jesus, Angstschweiß auf der staubigen Stirne, da im Ölbaum-Garten die Jünger schliefen —: die Nacht hindurch dieser Zug der Gestalten, ihr Leben in dem Augenblick versammelnd, darin es sich vollkommen offenbarte; die meisten von ihnen waren mir fremd. Ich erinnerte ihre Geschichten nicht mehr, ich wußte auch nicht, wer Jonatan war, und die Stelle, auf die Rilkes Gedicht sich bezog, 2. Buch Samuelis, Kapitel 1, Vers 26, war mir gewißlich nicht im Gedächtnis, wahrscheinlich hatte ich sie einst gelesen, ohne ihren Sinn zu fassen: »... mir ist so weh um dich, mein Bruder! Jonatan, du warst mir über alles lieb! Ja, deine Liebe ging mir über Frauenliebe!« — Heute weiß ich auch, wie der König heißt, der bei Rilke nur seine Krankheit als Namen trägt, es ist Usia, König von Juda, Sohn des Amazja, Vater des Jotam, sechzehnjährig auf den Thron gehoben, auf dem er zweiundfünfzig Jahre regierte, zuletzt von einem abgelegenen Haus aus, auf der Höhe der Macht mit Aussatz geschlagen, inmitten des Tempels Salomons, da er seinem Gott ein Rauchopfer darbot. Damals war sein Name mir unbekannt, doch seine Gestalt stand groß vor mir da, wie sie alle in dunkler Größe dastanden, die mir, Soldat in Hitlers Armee, nur anzuschauen ein Greuel sein mußte, und die mich doch so betroffen machten, daß es mich drängte, sie zu berühren: die Bettler, Siechen, Krüppel, Verfaulten, Irrsinnigen, Alten, Verbrauchten, Verwelkten, die Gedemütigten, Erniedrigten, Rechtlosen, Gefangenen, und alle kamen sie aus dem Buch, das einst im Haus des Pfarrers gelegen und von dem ich nun wieder, und anders, ahnte, daß es ein Buch der Subversion war, des Unerhörten, des Unerlaubten, des Umkehrens von Oben und Unten und des Zerschlagens der alten Tafeln, ein zersetzendes Buch, das den Königen fluchte und die Armen und Schwachen seligpries, ein Buch der Parteinahme für alle Mindren, das den Herrenmenschen ins Gesicht spie, ein Buch des Aufwiegelns und Unruhestiftens, das alles das in Frage stellte, das sich in fraglos sicherer Gegründetheit wähnte — voran die eigene Existenz.

Damals begehrte ich eine Bibel, Rilkes Gestalten nachzuspüren, doch die Nacht ging hin, und ich trank und las und schrieb ab, was ich noch nicht auswendig konnte, und am Morgen dann schien es mir unziemlich, nach einem Wehrmachtspfarrer zu fragen. Manche Gedichte habe ich noch im

Gedächtnis, so alle, die von David handeln, ich kam von dieser Gestalt nicht los und ahnte sie in einer Kontur, die erst später erhaben hervortrat —: Da ich seine Liebe zu Jonatan als das Ärgernis begriff, um dessentwillen die Städte brannten, begriff ich jäh auch das Provokative seines Kampfes gegen Goliath: der Knabe aus dem Nichts wider den Helden der Philister, den Berufskämpfer, der, die Unbesiegbarkeit schlechthin, vor dem Heerbann der Israeliten in Stahl und Muskelfleisch prahlte, keinen Gegner zum Zweikampf zu finden, und ein Kiesel aus Knabenhand streckte ihn nieder, und die Knabenhand schnitt ihm den Kopf vom Rumpf. — Dieser Hirte war ein Ärgernis für die Moral wie für die Staatsmacht, anstößig schon im Guten, wie erst im Bösen; er war der Schwängerer der Bathseba und der Mörder ihres Manns Uria und war der Herrscher, der sich dem Strafwort beugte, das aus dem Mund des Propheten brach; er war der gehetzte Freibeuter in den Bergen, der, von seinem König geächtet, sich heute nicht scheute, dem zu dienen, den er gestern noch als Feind bekriegt, und er war der Flüchtling in der Höhle, wo er, sich vor Saul, dem Verfolger, verbergend, ebendiesem, den Notdurft zum Niederkauern gezwungen, und den er hätte töten gekonnt, nur einen Zipfel des Mantels abschnitt, und auch dies erschien ihm noch frevelhaft. — All dies erinnerte ich nur undeutlich, und doch flossen die Nebel dieser Geschichten zum Umriß einer Gestalt zusammen, der des Sündigen Heiligen Königs, der gleicherweise ein Missetäter wie ein Ahne Christi war. — Ein Mensch; und nun zog er durch die Steppe, mit dem Volk der Beladnen und Mühsalvollen, und ich weiß heute, wohin dieser Zug unterwegs war: zu den Öfen von Auschwitz.

Die Gestalten der Bibel sind keine Heroen, nicht einmal Josua oder Simson, sie sind Menschen in ihrem Widerspruch, in ihrer Verstricktheit in Schuld und Verfehlung, so wie ja das Volk, das da »auserwählt« heißt, die Menschenart eben darin repräsentiert, daß es ein Volk der Schwachen ist, bedroht von übermächtigen Feinden, in die ungünstigste Umwelt gestoßen, ein irrendes, strauchelndes, ungeborgenes Volk, immer wieder in ausweglos scheinender Lage, doch immer wieder als Volk gerettet und bewahrt selbst in Deportation und Zerstreuung durch ein geistig-moralisches Selbstbesinnen mit dem Kern radikaler Wahrhaftigkeit, die zuerst Wahrhaftigkeit gegen sich selbst ist.

Ich möchte den Leser der Bibel ermutigen, ihre Gestalten sehen zu lernen; man wird nicht satt ihrer Widersprüche. – Von Abraham bis zu Johannes: jeder findet die seinen heraus. – Heute sind es die Propheten, die mich bedrängen; ging ihr erster in einer Schlangenhaut? – Nein; Propheten klären nicht auf. – Da steht Amos, der Bauer aus Teqoa zu Juda, Schafshirt und Pflanzer von Sykomoren, der geringgeschätzten Speise der Armen, steht da im Königstempel zu Betel, in die Schar der betulichen Beter brüllend: »Die Jungfrau Israel ist gefallen, daß sie nicht wieder aufstehen wird; sie ist zu Boden gestoßen, und ist niemand, der ihr aufhilft!« – Wer ist der Fremde, der da so unziemlich schreit? – Offensichtlich ein hergelaufener Narr, der nichts, aber gar nichts begriffen hat –: Die Jungfrau Israel ist nicht gefallen, sie steht auf der Höhe gesicherter Macht! Beide (das Reich ist seit Salomons Tod ja in Juda und Israel gespalten) jüdische Staaten blühen nach harten Drangsalen sichtlich auf: Erzfeind Damaskus von Assur aufs Haupt geschlagen, die Ostgrenze wiederhergestellt und befestigt »vom Wege nach Emat bis zum Toten Meer«, Erzfeind Moab in die Schranken gewiesen, Erzfeind Ammon zurückgedrängt, Erzfeind Edom im Salztal gezüchtigt, den Erzfeinden Philistern Faustpfänder entrissen, der Weg zum Golf von Akaba unter Kontrolle, und die gefährlichste Macht, Assyrien selbst, hat mit seinem Feind im Norden, Uarta, zu tun. Die Dinge stehn gut wie schon lang nicht zuvor, was soll da das Geschrei von Israels Fall! Man lebt in Sicherheit und Frieden, der Handel gedeiht, die Geschäfte florieren, man kann sich wachsenden Wohlstands erfreuen und möchte dem Herrn nach Gebühr dafür danken, mit Harfen und Rauchwerk und rauschenden Festen – und da läuft dieser Störenfried her, wohl einer von den Habenichtsen, die ihr persönliches Unvermögen in Neid auf die Erfolgreichen umsetzen, und wagt einem ins Gesicht zu schreien, daß man die Armen mit Füßen trete und den Dürftigen Unrecht tue und das Recht in Wermut verwandle und den hasse, der die Wahrheit sagt! – Was kann man dafür, daß die Armen arm sind, und man reicht ihnen noch ein Almosen hin! Und wie unflätig dieser Mensch sich ausdrückt! Die Frauen Samarias, die schönen, gepflegten, die nach Salben und Spezereien duften, schimpft er »fette Baschan-Kühe«, die frommen Gesänge tut er als »Geplärr« ab, und die feisten Brandopfer, das Beste vom Besten, das man, da läßt man sich nicht lumpen, getreu dem Gesetz dem Herrn darbietet, schmäht er als »Gott nicht wohlgefällig«; wer nimmt solche Frechheit noch länger hin? Und nun greift er sogar den König an, den erhabenen Jerobeam II., und prophezeit ihm ein schmähliches Ende, aber da endlich, dem Herrn sei Dank!, schreitet Amazja, der oberste Priester, ein und jagt den Hetzer über die Grenze: »Du, Seher, geh weg und fliehe in das Land Juda und iß dein Brot dort und weissage dort! Aber weissage nicht mehr zu Betel, denn es ist das königliche Stift und des Königreichs Haus.« – Doch statt froh zu sein, ungeschoren zu bleiben, und sich eilends aus dem Staub zu machen, plustert sich dieser Kerl noch auf: »Ich bin kein Prophet noch eines Propheten Sohn, sondern ein Hirte, der Maulbeeren ablieset. Aber der Herr nahm mich von der Herde, und sprach zu mir: Gehe und weissage meinem Volk Israel!«

»Eines Propheten Sohn« nannte man ein Mitglied der institutionalisierten, eigene Ausbildungsstätten betreibenden Prophetengilde, von der, wie von den beamteten Tempel- und Hofpropheten, Amos sich nachdrücklich absetzt: Prophet ist, wer nicht anders kann! – »Der Löwe brüllt; wer sollte sich nicht fürchten? Der Herr redet; wer sollte nicht weissagen?« – Dieses Fatum der Berufung, nicht die Verifikation seiner Sprüche, scheidet den wahren von den falschen Propheten, die hunderthaft um die Throne sich drängen, das zu verkünden, was wohlgefällt: die Erwähltheit des Herrschers und seines Volkes, das Blühen des Reiches, eine strahlende Zukunft, und den steten Segen vom Himmel herab. – Als Achab und die Jezebel über Israel herrschten, waren es ihrer vierhundert, die solcherart um sie scharwenzten und ihnen, die einen Krieg vorbereiteten (»Und es kamen drei Jahre um, da kein Krieg war zwischen Syrien und Israel«, 1. Könige 22, 1), die Vernichtung des Erzfeinds prophezeiten; ein einziger wagte zu widersprechen und vom Feldzug abzuraten, da wurde ihm ins Gesicht geschlagen, und sein Ort war das Verlies, und seine Nahrung Brot und Wasser. – Achab aber wurde besiegt und getötet, und das Fleisch Jezebels fraßen die Hunde. – Daß Erwähltheit eines Volks nicht Bevorzugtheit heißt, sondern Anlegen des allerstrengsten Maßstabs, nicht Einzigkeit von Rechten, sondern von Pflichten, das ist nicht eben das gern Gehörte, und man steht mit solcher Mahnung allein. Prophet ist, wer es wagt, gegen den Strom zu schwimmen, sich mit dem Königshof anzulegen, mit der Priesterschaft, mit den Standeskollegen, mit den Wohlhabenden und Einflußreichen, aber auch mit dem eigenen Volk. Und man kannte den Preis einer solchen Haltung. – »Jerusalem, Jerusalem, die du tötest deine Propheten und steinigest, die zu dir gesandt sind« – dieses Wort des Propheten Jesus ist im Namen all derer gesprochen, die solchen Preis entrichtet haben: Elias in die Wüste gejagt, Sacharja, Sohn des Jojada, gesteinigt, Jeremias gegeißelt und in den Block geschlossen, Urija aus dem Exil entführt und ermordet, Hanani ins Gefängnis geworfen, Johannes der Täufer im Kerker enthauptet; Prophet ist, wer nicht anders kann.

Aber Kerker und Schläge sind ja nicht das Ärgste, es gibt da ganz andre Demütigungen. – Da steht Hosea, der Mann aus dem Nordreich, an den das Gebot des Herrn erging, eine Hurenfrau zu heiraten und Hurenkinder mit ihr zu zeugen und ihnen die Schandnamen zu geben: »Blutschuld«, »Keine Gnade« und »Nicht mein Volk«, um so dem Volk Jahwes vor die Augen zu bringen, daß es ein Leben in Hurerei führt, da es sich fremden Göttern hingibt, und daß, was solche Untreue zeuge, eben jene Übel sein werden, nach denen Hoseas Kinder genannt sind. — Und Hosea gehorcht. — Mich bedrängt diese Gestalt, von der wir nichts wissen außer von jenem und einem zweiten, ähnlichen Auftrag, und daß diese Frau »Gomer, Tochter des Diblaja« hieß und »für zwei Feigenkuchen« feil war, und daß dies alles tatsächlich geschah. Man hat aus Hoseas Stil auf eine vorzügliche Schulbildung geschlossen, wahrscheinlich war es ein Hofbeamter, der da in Hohn und Verachtung sich stürzte. Natürlich, für solch eine Demonstration mußte er ein Mann von Rang sein, daß das Beispiel weithin vor Augen stehe —: Prophet ist, wer nicht anders kann. — Dieses Allegorieschaffen durch personalen Einsatz (in einem niederen Bereich würde man es heute »Performance« nennen) ist auch andernorts vielfach bezeugt, und ich bin bereit, es wortwörtlich zu nehmen. — Da liegt Hesekiel/Ezechiel, der Priester, dem war der Auftrag, sich in seinem Haus »unter den Gefangenen am Wasser Chebar« zur Schau zu legen, hundertneunzig Tage auf der linken, und vierzig Tage auf der rechten Seite, und einen Ziegel solle er vor sich stellen, darein die erneute Belagerung Jerusalems durch das Heer Nebukadnezars geritzt sei, und finster, über eine Pfanne aus Eisen hinweg, solle er die Stadt Gottes anstarren, auf die doch seine zehntausend Leidensgefährten, der erste Schub der nach Babylon Deportierten, mit wahnsinnsheißer Hoffnung blickten, daß an ihr das Heer des Feindes zerschelle und ihre Gefangenschaft endlich ende —: finster solle er die Hauptstadt anstarren, zweihundertdreißig Tage lang, und nach diesen Tagen geistigen Belagerns solle er Bart und Kopfhaar scheren und ein Drittel davon im Feuer verbrennen und ein Drittel mit dem Schwert wegscharren und, bis auf den Rest eines Rests, das letzte Drittel in den Wind werfen, solcherart alle Rettungsillusion zu vernichten und die bittere Wahrheit zu künden, daß Jerusalem fallen werde, und seine Mauern geschleift, und sein Volk zerstreut, und damit ein jeglicher sehe, welches Brot die Überlebenden dann brechen würden, solle er, der Priester, der Hüter des Reinen, den es vor geringstem Mischmasch ekelt, sein Brot aus siebenerlei Korn mahlen und auf einem Feuer von

Menschenkot statt des üblichen Rinderdungs backen —: ich halte es für abwegig, diesen Vorgang psychoanalytisch zu deuten, ich bewundre die Stringenz einer solchen Aktion.

Die da heute nicht anders können, ketten sich an Türen an, hinter denen Unrecht getan wird, oder an Säulen auf dem Markt, oder stellen sich als lebendigen Zaun auf, oder verweigern jede Nahrung, daß die Welt am Schwinden ihres Leibs sehe, wie das Recht ringsum in den Landen abnimmt, und sie geben ihr Leben daran. — Man kann es gewißlich bequemer haben. — Wie wird man dereinst solche Berichte lesen, falls noch Zeit zum Lesen bleibt? — Kopfschüttelnd, wie manche das Buch Hosea, naserümpfend, wie manche das Buch Hesekiel? — Viele lesen sie jetzt ja schon so. — Da steht Jeremias, die Stunde verfluchend, da ihn seine Mutter empfangen, denn es ist auch die Stunde gewesen, zu der Gott ihn als seinen Sprecher erwählt, und das heißt auch, sein Leben als ein Zeichen zu führen, das sichtbar aus dem Alltag ausbricht, wie er seit Menschengedenken abläuft —: ein anderer Alltag sei angekündigt, der eines unvorstellbaren Grauens, das dennoch bald Alltag werden wird. Denn Greuliches geschieht ja schon: Tyrannei im Palast, Unrecht auf dem Markt, Verbrechen und Götzendienst im Tempel, allein sie nehmen es als gewöhnlich und sehen das notwendig Folgende nicht. — So hat der Prophet denn vorzuleben, daß er sich einem Alltag verweigert, der tut, als sei er wohlgeordnet, dieweil er prall von Abscheulichkeit ist, doch dies Sich-Verweigern ist eben das, was man gemeinhin als schimpflich ansieht: im Zustand der Unvermähltheit zu bleiben, kein Weib zu umwerben, keine Nachkommen zu zeugen — mögen die Blindäugigen erkennen, was sie und ihre Kinder erwartet: »Eines qualvollen Todes werden sie sterben, ohne Totenklage und ohne Begräbnis sein.« — Setzt ihr noch Leben in die Welt, nur um dieses Totenheer zu mehren? Ich, der Prophet, verweigre mich dem! — So muß er — Spruch Jahwes! — sich auch allem entziehen, was alltags die Menschenherzen bewegt: Er darf an keiner Hochzeitstafel Gast sein, darf sich nicht mit den Fröhlichen freuen, bei keinem Gastmahl speisen und trinken, kein Haus betreten, aus dem Jubel laut wird, aber auch kein Trauerhaus, darf sich zu keiner Bestattung einfinden, darf nicht einmal einen Trauernden trösten, auch nicht, wenn dem Vater oder Mutter gestorben, er darf nur ein Mund sein, der klagt, mahnt und flucht, gemäß dem gnadenlosen Auftrag: »Siehe, ich mache dich heute zur Festung, und zu einer eisernen Säule und zu einer ehernen Mauer wider das ganze Land, sowohl wider die Könige Judas, seine Fürsten und Priester, als auch wider das Volk des Landes.« – Manchmal will mir vor diesen Eiferern grauen, vor ihrer übermenschlichen Härte, vor der Besessenheit ihres Dienens, am meisten vor ihrer Unduldsamkeit, die das verwirft, was die Völker verbindet, das Verschmelzen der Götter und Zeichen, und doch ist diese Unduldsamkeit das einzig Rettende gewesen, das Israel als Volk bewahrt hat –: Unduldsam zu sein, um geduldet zu werden, welch gnadenloser Widerspruch. – Mich bedrängt die bleiche Gestalt des Propheten, der seine Verzweiflung zu Gott emporbrüllt, immer wieder klagend, daß der Herr ihn verführe und wie eine junge Frau vergewaltige und ins Gelächter der Menge stürze, die sich an solcher Schande weidet, und der doch immer wieder sich aufrafft, zu sagen, was die Stunde schlägt: »Und ich ging hinab in des Töpfers Haus; und siehe, er arbeitete eben auf der Scheibe. Und der Topf, den er aus dem Ton machte, mißriet ihm unter den Händen. Da machte er wiederum einen andern Topf, wie es ihm gefiel. Da geschah des Herrn Wort zu mir, und sprach: Kann ich nicht auch also mit euch umgehen, ihr vom Hause Israels, wie dieser Töpfer? spricht der Herr. Siehe, wie der Ton ist in des Töpfers Hand: also seid auch ihr vom Hause Israels in meiner Hand. Plötzlich rede ich wider ein Volk und Königreich, daß ich es ausrotten, zerbrechen und verderben wolle. Wo sich's aber bekehrt von seiner Bosheit, dawider ich rede: so soll mich auch reuen das Unglück, das ich ihm gedachte zu tun. Und plötzlich rede ich von einem Volk und Königreich, daß ich es bauen und pflanzen wolle. So es aber Böses tut vor meinen Augen, daß es meiner Stimme nicht gehorchet, so soll mich auch reuen das Gute, das ich ihm verheißen hatte zu tun. So sprich nun zu denen in Juda, und zu den Bürgern von Jerusalem: So spricht der Herr: Siehe, ich bereite euch ein Unglück zu und habe Gedanken wider euch; darum kehre sich ein jeglicher von seinem bösen Wesen, und bessert euer Wesen und Tun.«

Und Jeremias kauft einen Krug und geht hinaus ins Tal Ben-Hinnom, das da vor dem Ziegeltor liegt, unter Höhen, darauf man als Moloch-Opfer Kinder lebendigen Leibs verbrennt, und er brüllt und schmettert den Krug zu Boden: »So spricht der Herr Zebaoth: Eben wie man eines Töpfers Gefäß zerbricht, das nicht mag wieder ganz werden: so will ich dies Volk und diese Stadt auch zerbrechen, und sollen dazu im Topheth begraben werden, weil sonst kein Raum sein wird zu begraben. ... Dazu sollen die Häuser zu Jerusalem und die Häuser der Könige Judas ebenso unrein werden als die Stätte Topheth!« – Topheth ist ebendieser Ort vor dem Scherbentor, wo Menschenopfer dargebracht werden, ein staatlich verwaltetes Heiligtum. – Jeremias hat einflußreiche Gönner, für diesen Auftritt kommt er mit Blockschluß und Geißelung davon, doch als er sogar im Königspalast die Prunksucht des Despoten Jojakim angreift und diese Fluchworte auch noch zum Aufzeichnen freigibt, läßt der König sich die Buchrolle kommen, und sie wird ihm vorgelesen, Spruch um Spruch, und zu jedem Spruch runzelt der Mann auf dem Thron die Brauen, und Spruch um Spruch wird von der Rolle geschnitten und in ein Kohlenfeuer geworfen, und nach der Lesung ist auch das Buch verbrannt. – »Wehe dem, der sein Haus mit Sünden bauet und seine Gemächer mit Unrecht« – so einer der Sprüche –, »der seinen Nächsten umsonst arbeiten läßt, und gibt ihm seinen Lohn nicht; und denkt: Wohlan, ich will mir ein groß Haus bauen und weite Paläste, und läßt ihm Fenster darein hauen, und mit Zedern täfeln, und rot malen. Meinest du, du wollest König sein, weil du mit Zedern prangest? Hat dein Vater nicht auch gegessen und getrunken und hielt dennoch über dem Recht und Gerechtigkeit?« – Ins Feuer mit solchen hetzenden Worten! – Es ist die Wahrheit, die da brennt, und die wäre das Rettende.

Denn anders als die Seher der Griechen, Kassandra oder Teiresias, die ein unabwendbares Fatum verkünden, zeigen Israels Propheten das geschichtliche Werden als Alternative: Das Volk kann über sein Schicksal verfügen, da es über seine Haltung verfügt. Von dieser Haltung hängt alles ab, oder anders: Man hat, letztlich, immer das Schicksal, das man verdient. Dem offiziösen Optimismus ihrer beamteten Kollegen, der da dem jeweils machtausübenden Dienstherrn die glücklichste Zukunft prophezeit, setzen jene, die Jahwes Mund sind, nicht die simple Umkehrung eines contra-offiziösen Pessimismus entgegen, sie verkünden vielmehr ein Entweder-Oder, und man hat die Freiheit der Wahl, allerdings nur bis zu einer Grenze, jenseits derer die Chance vertan ist. Da König Jojakim, von Scharfmachern angestachelt, durch Aufkündigung seiner Tributpflicht an Babel eine solche Grenze überschreitet, lädt Jeremias sich ein Joch auf den Nacken und geht mit ihm in den Tempel hinein, daß Juda sich aus freiem Willen weiterhin dem Vasallenjoch beuge, ehe das Schwert es dazu zwinge, aber die Chance wird vertan, und das Heer Nebukadnezars erscheint vor den Mauern Jerusalems. – Danach die erste Deportation, bald darauf die Vernichtung des Staats und die Schleifung des Tempels, und die Klagen »an den Wassern von Babylon« schallen zum Himmel, der bleischwer schweigt. Aber selbst dann noch, noch in der Katastrophe, bleibt die Verfügungsgewalt über die Haltung –: Was mich an den Propheten so fasziniert, ist ihr grandioses Geschichtsphilosophem vom Sinngehalt der Niederlage als Möglichkeit einer Wendung zum Andern, als radikales Neubeginnen, und zwar zuerst mit der eignen Person, als die Chance, Lehren zu ziehen, als Selbstbesinnung auf ethische Werte, als Bruch mit verderblichen Traditionen, als beispielgebendes Menschentum.

Freilich, auch da zieht sich eine Grenze, die letztmögliche in der Geschichte, die der Menschheitsexistenz. – Da steht

Johannes, der nach Patmos Verbannte, und er sieht, wie der Himmel sich auftut, und es erscheint ein versiegeltes Buch, und das Lamm löst die ersten Siegel, und vier Reiter –;

ich breche hier ab.

IV

Die Legenden, die Bilder, die Geschichten, die Gestalten; schließlich die Physiognomien der Bücher –: Es ist Herder, der unvergleichliche Enthusiast des Alten Testaments, gewesen, der (in den »Briefen an Theophron«) jungen Theologen geraten hat, die Bibel »nicht vermischt« zu lesen, sondern jeweils ein einzelnes ihrer Bücher, um dessen besondere Gestalt zu fassen, und er gibt auch praktische Tips, so für die Tageszeit der Lektüre: »Wählen Sie dazu die heitersten, etwa die Morgenstunden, und trinken tief, so viel möglich jetzo ohne Kritik, den Geist des Autors.« Diesem Rat wäre nur beizustimmen, er gilt auch für Laien, und es soll sie nicht stören, daß in kaum einem Buch nur ein Autor am Werk war, und oft am wenigsten der, nach dem es heißt. Doch sosehr es mich nun zu erzählen drängt, wie ich das Heterogene der Bibel, eben ihr Geteiltsein in unterschiedlichste Bücher, zugleich als ihr Homogensein begriff, und so verlockend es bleibt, einige dieser Buch-Gestalten zu zeichnen, etwa als Begegnung des Buchs Hohes Lied mit dem Buch Prediger –: ich muß mich wohl endlich der Frage stellen, warum ich bislang so gut wie ausschließlich vom Alten Testament erzählt und nicht von den Evangelien, die doch im allgemeinen Verständnis das Zentralstück der Bibel bilden. Ich kann nur bitten, daß man mir es nachsieht. Ich erzähle meine Erfahrung, die vollzog sich in jenen Etappen, und sie verwehrt mir ein Sprechen über eine noch nicht zu sich selbst gekommene, kaum mitteilensreife Ambivalenz.

Es gehört zu diesem Spannungsverhältnis, das eine tiefe Verstörung einschließt, daß mich bestimmte Logien und Taten

Christi von Jugend an so betroffen gemacht haben, und so will ich das Wort nennen, das wie kein anderes auf mich wirkt. Man findet es bei Johannes, Kapitel 9, und dies ist der Zusammenhang: Jesus ist zum Opfertod entschlossen, am Passahfest soll sein Werk vollbracht sein, und so sucht er die offene Konfrontation mit seinen Feinden, den Hütern der Thora, des die Judenheit auch strafrechtlich bindenden religiös-ethischen Gesetzes mit dem Herzstück der Sabbatruhe, des Sich-Erhebens aus dem Alltag als Selbstbesinnung des Volks vor Gott. Dieses so menschlich angelegte Gesetz ist nämlich, vor allem seit der Exilzeit, durch ein Übermaß spitzfindigster Ausführungsbestimmungen von einer Wohltat zur Plage geworden; es stellt den Gläubigen vor die Wahl des Widersinns oder der Übertretung und macht aus Frommsein Heuchelei. Zum Beispiel ist es am Sabbat verboten, ein Tier, das in eine Grube oder ins Wasser gefallen, mit Hilfe eines Stricks oder Steckens zu retten, jedoch, so fragt Jesus immer wieder: Wer, wenn er nur ein Schaf besäße, und es fiele am Sabbat in eine Zisterne, zögerte nicht, es herauszuziehn? – Man tut es stillschweigend und leugnet es ab. – Diese Verkrustung will Jesus aufbrechen, das Gesetz soll zum Leben des Volks zurück: »Der Sabbat ist um des Menschen willen gemacht und nicht der Mensch um des Sabbats willen« (Markus, 2, 27). – Das ist ein unerhörter Ausspruch und Anspruch, und aus ihm die unerhörte Tat, das hochbewußte, wissent- und willentliche Zerbrechen eines unmenschlich gewordnen Gesetzes, nicht mehr ein Löcken wider den Stachel, sondern das Zerbrechen des Jochs: Jesus heilt zum Sabbat einen Blindgeborenen, und zwar nicht nur, was noch gerechtfertigt sein könnte und was er ja schon vordem getan, durch das Wort, sondern durch die verbotene Arbeit: Er knetet einen Teig aus Lehm und Speichel und streicht ihn dem Blinden über die Augen und schickt ihn zum Teich Siloach, daß er sich dort wasche und sehend werde. Das ist eindeutig therapeutische Arbeit, und noch nicht einmal im akuten Notfall, sie wäre ja ebensogut am folgenden Tag leistbar gewesen, in summa ein Kapitalverbrechen, das nur mit dem Tod gesühnt werden kann, und die Späher des Großen Synhedriums, der höchstrichterlichen Behörde der Juden, beginnen auch sofort das Verhör, mit dem Geheilten, seinen Eltern, den Augenzeugen, um den Tatbestand für ein Protokoll festzulegen, und der, der da sehend geworden ist, wird von ihnen aus der Gemeinde gestoßen; dem Sehend-Macher, dem Jesus »Christus«, ist mehr, ist das Äußerste bestimmt. Er will es und weiß, was ihn erwartet: Da er sein Verbrechen begeht, als das Notwendige, das getan werden muß, spricht er ebenjenes Wort, das so tief beunruhigt: »Ich muß die Werke dessen wirken, der mich gesandt hat ... Es kommt die Nacht, da keiner mehr wirken kann.«

Seitdem ich dies Wort kenne, läßt es mich nicht los. – Was ist diese Nacht, darin keiner mehr wirken kann? – Augustinus, der die lichttiefe Botschaft des Johannes-Evangeliums unablässig mit seinem Grübeln umkreist hat, sieht in dieser Nacht die Hölle, aber das Wort macht auch den betroffen, der nicht, und nicht mehr, an die Hölle glaubt. – Gibt es auf Erden solch eine Nacht, kann der Mensch sie dem Menschen bereiten? – Das Denken wehrt sich, dies anzuerkennen: Bestätigt doch selbst unser blutiges Jahrhundert, daß der Mensch, solang nur Bewußtsein in ihm ist, auch noch in Auschwitz zu wirken vermag –: Janusz Korczak und Pater Kolbe sind wie der Kommunist Ernst Burger oder der mit dem schwarzen Winkel des Asozialen gezeichnete Kapo Herrmann Zeugen dafür. – Was ist jene Nacht, wann hübe sie an? – Daß der Tod jedes Menschen Wirkensmöglichkeit endet (nicht so das Fortwirken seines Werkes), sagt, zumindest für den Atheisten, nichts als eine Tautologie, die aber jäh an Sinn gewinnt, wenn man ihr Subjekt als Prädikat setzt: Was Schöpferkraft endet, ist der Tod, und was sie lähmt, drosselt, abbaut, ist seines Zeichens. – Man könnte in jener Nacht die Verzweiflung erblicken, für den Einzelnen ist sie das auch, doch ist sie das Verhängnis, dem keiner entgeht? – Ist ein Gesellschaftszustand denkbar, der Wirkensohnmächtigkeit realisiert? – Er müßte das Bewußtsein computerhaft machen.

Die Betroffenheit bleibt; die Unruhe wächst: Sollte man nicht ein Hoffnungszeichen erinnern? – Um Jesus als Thorafeind zu erweisen, stoßen Späher des Großen Synhedriums, da er gerade im Tempel lehrt, eine Ehebrecherin vor ihn und verlangen seine Meinung, was mit diesem »auf frischer Tat ertappten« Weib nun zu geschehen habe, das Gesetz Mosi kenne in solch klaren Fällen nur eine Antwort: Steinigung. – Jesus beugt sich schweigend nieder und schreibt mit dem Finger in den Sand; und auf das Drängen, sich endlich zu äußern, spricht er, den Versuchern ins Auge schauend: »Wer unter euch ohne Sünde ist, der werfe als erster einen Stein auf sie!«

Und er schreibt weiter, und nach einer Weile steht jene Frau allein vor ihm. »Jesus aber richtete sich auf, und da er niemand sah, denn das Weib, sprach er zu ihr: Weib, wo sind sie, deine Verkläger? Hat dich niemand verdammt? Sie aber sprach: Herr, niemand. Jesus aber sprach: So verdamme ich dich auch nicht; gehe hin, und sündige hinfort nicht mehr.«

Es ist wieder Johannes, der dies berichtet, und als Zeichen der Hoffnung glühe die Scham, die einen jeden der Schergen abhielt, als erster zum tötenden Stein zu greifen.

V

Die frommen Legenden, die Bilder, die Geschichten, die Gestalten, die Bücher-Physiognomien – und sie alle die Einheit des Buchs der Bücher, dessen Wort unausschöpfbar ist. Augustinus hat seine Erfahrung mit ihm in einem Rat zusammengefaßt: Es gebe, so meint er, zwei Möglichkeiten, sich den Zugang zur Schrift zu versperren: wenn man zu klein oder wenn man zu groß von sich denke. Glaube man, das Wort nicht verstehen zu können, scheitere man schon an der Schwelle; dünke man sich aber zu weise, halte man die Bücher der Bibel für belächelnswerte Ammenmärchen, stoße man mit der Stirn an den Türpfosten an und gelange auch nicht hinein. Wenn man jedoch unvoreingenommen eintrete, in menschlicher Haltung, mit menschlicher Würde und der Bereitschaft aufzunehmen, werde einem zuteil, mit dem Buch zu wachsen — möge es denn so erfahren sein.

(1982)

Nachbemerkung

»Wandelnd an den schwarzen Ufern
Des Todes,
Purpurn erblüht im Herzen die Höllenblume.«
Georg Trakl, Passion (1. und 2. Fassung)

Die Erzählungsbände Franz Fühmanns sind ihrer Genese nach fast ausnahmslos gewachsene, wenn nicht durchkomponierte Zyklen, Entfaltungen, Anlagerungen an einen stofflichen oder thematischen Kern, die sich im Ergebnis freilich oft sehr weit vom ursprünglichen Konzept entfernten. So handelt es sich auch bei den nachgelassenen Erzählungen um den Torso eines auf 13 Stücke angelegten Bandes, den er Ende 1984 im Manuskript abzuschließen gedachte. Mit unsrer Ausgabe soll der Versuch unternommen werden, das Gedankengebäude dieses Plans behutsam in seiner Entstehung nachzuzeichnen, gestützt auf Notate, Arbeitsfassungen und briefliche Äußerungen.

Die Gestalten, die Geschichten der Bibel waren in Fühmanns erzählerischem wie essayistischem Werk immer präsent, im Zitat oder im Gleichnis, und 1974 notierte er in einer Übersicht über zukünftige Vorhaben unter dem Stichwort Adaptionen: »... nach wie vor als Traum, obwohl immer mehr entschwindend: Das Alte Testament für Kinder.« Der Traum von einer erzählenden Bibel-Adaption war immerhin bis zu einem — nicht datierten, vor 1972 entstandenen — ausführlichen Exposé gediehen, in dem er auch die ihm vorschwebende Erzählweise skizzierte: »Es sollen *ausschließlich* Geschichten erzählt werden, und zwar jeweils in sich abgeschlossene, bestimmten Personen zugeordnete, vorwiegend short-story-haft, nur ausnahmsweise novellistisch gebaute Geschichten, und zwar auch dann, wenn, was zwei- oder dreimal unumgänglich ist, überwiegend geschichts- oder religionsphilosophische Probleme behandelt werden. Nach Möglichkeit soll jeder zu einer Hauptgestalt gehörende Stoff in einer Geschichte zusammengefaßt werden, eventuell mehrere Einzelgeschichten unter einem Obertitel. Das Wort ›Geschichte‹ soll unbedingt in jedem Titel vorkommen, also etwa: ›Die Geschichte von Jonas' wunderbarer Meerfahrt‹.« Allein das schöne und ehrgeizige Vorhaben scheiterte, und die Geschichten der Bibel schienen lange Zeit vergessen zu sein. Erst nach der Berliner Begegnung zur Friedensförderung im Dezember 1981, zu der Stephan Hermlin Schriftsteller und Wissenschaftler aus Ost und West eingeladen hatte, entstand die Idee zu der Erzählung »Der Mund des Propheten«: als singuläre Geschichte zum Vorlesen gedacht, auch in Auseinandersetzung mit dem damals gleichermaßen viel zitierten wie befehdeten Bibelwort von den Schwertern, die zu Pflugscharen umgeschmiedet werden sollten. Als er sie im März 1982 abgeschlossen hatte, schrieb er mir: »... nun drängt alles danach, hier weiterzumachen, ich wehre die Vorstellung ab, nun 1 Zyklus bibl. Geschichten zu schreiben, aber um eine, AMNON UND TAMAR, werde ich wohl nicht herumkommen, ich kann nichts mehr denken als dies Stückchen Ungeheuerlichkeit, also werd ichs jetzt wohl hinter mich bringen müssen.« (Brief vom 2. April 1982)

In den »biblischen Sachen«, die nun »drängen wie eine Lava« (Brief vom 16. April 1982), sah er eine Möglichkeit, nach langjähriger Konzentration auf Essay und Publizistik (u. a. zu Georg Trakl, HAP Grieshaber, Sigmund Freud) wieder eine Form »reinen Erzählens« zu gewinnen. Befördert wurde dieser Vorsatz durch einen Auftrag des Verlags Philipp Reclam, für den RUB-Nachdruck von Luthers »Biblia« zum Lutherjahr 1983 einen Kommentar zu schreiben. So entstand »Amnon und Tamar« parallel zu dem Essay »Meine Bibel«, an dem Fühmann von Juni bis August 1982 arbeitete, in dem Bemühen, diesmal – anders als seinerzeit beim Trakl-Nachwort – das vorgegebene Maximum von 36 Seiten nicht zu überziehen: »Es ist ein bißchen gedrängt... Ansonsten ist es, glaub ich, ganz gut geworden, sauer angekommen ist mirs jedenfalls. Aber jetzt hab ich mir ein Terrain erobert. Diese Propheten, das ist was Grandioses! Die werden mich nicht mehr los lassen, und das Johannes-Evangelium auch nicht, tut es ja seit Kindheit nicht...« (Brief vom 25. August 1982)

Am 1. September 1982 war »Amnon und Tamar« fertig: »... ich glaub, die Geschichte ist gut. Ich fange jetzt an, Einiges zu begreifen: sich nicht kommentieren; etwas hinstellen und nicht zerreden, und sich vor Versuchungen hüten, die gerade bei der Geschichte drängen: so zurückhaltend wie möglich, allerdings in der Sache gnadenlos. — Ich muß mich jetzt auch vor der Versuchung hüten, die Bibelgeschichten sofort weiterzumachen, ich hätte natürlich eine Menge stories, aber ich bezwinge mich... Allerdings träume ich von einem Bändchen à la Morgenröte, vier oder fünf solcher Bibel-Geschichten, das wär schon schön...« — Hier weist er auf das unter dem Eindruck von Luthers Sprachkraft neugewonnene Stilprinzip der Verdichtung hin, das der aufmerksame Leser, gewöhnt an Fühmanns mitunter ausufernde Sätze, bei der Lektüre der beiden 1982 entstandenen Erzählungen sicher bemerkt hat: Die gedrängte Sprache dieser mit lyrischen Mitteln arbeitenden Prosa (Alliteration, metrische Bindung) wird klarer und dunkler zugleich; erzählt wird in Sätzen »wie ein Anruf«, in denen das Geheimnis aus Alltagsworten wächst und für die gilt, was er in seinem Reclam-Kommentar den Geschichten der Bibel nachrühmt: »Sie sprangen mich aus den Blättern an, und sie hatten auch etwas Tigerhaftes, geschmeidig, in knappsten Sätzen erzählt, schlank und doch prall von Ungeheurem; ihre Sätze waren Prankenhiebe; ... und in die Wunden das Salz der Fragen.«

Zu jenem Zeitpunkt erwog Fühmann auch, die schon 1968 niedergeschriebene Abraham-Erzählung »Erzvater und Satan« aufzunehmen (sie entstand im Umkreis der Geschichten, die 1970 unter dem Titel »Der Jongleur im Kino oder Die Insel der Träume« ediert wurden und als deren Obertitel er in der ersten Arbeitsphase angab: »Von der Manipulierbarkeit des Menschen zur Unmenschlichkeit gegen sich selbst und seinesgleichen«; Brief vom 12. Mai 1968); freilich wage er sie »nicht anzuschauen, unter dem Aspekt meines heutigen Wissens kann das Ding eigentlich nur schlecht sein ...; überarbeiten kann & will ich sie allerdings nicht. Sie ist ja auch die meisterzählte; d. h. von jenen, die in der Bibel nicht das Erbauliche suchen.« (Brief vom 1. September 1982)

Im selben Brief deutete Fühmann aber schon an, daß er sich nun endgültig dem seit Mitte der 70er Jahre geplanten und immer wieder aufgeschobenen »Bergwerk« zuwenden wolle, dem großangelegten Buch einer Standortbestimmung im Hier und Heute, als Pendant zu den retrospektiven »Zweiundzwanzig Tagen ...«: »... alle Wege stehn offen – wenn ich jetzt zögre, wirds nie etwas. Ich hab auch nichts, auf das ich warten könnte – außer jetzt, jetzt plötzlich, jetzt drängend, Einfälle zu ca. 29 Erzählungen, das Meiste davon Gegenwart. Ich will das alles ins Bergwerk reinziehn ..., natürlich geht das nur mit höchstens dreizehn ...«

Dabei blieb es: die Bibel-Geschichten traten zurück, in das »Bergwerk« – zur Jahreswende auf 1983 begonnen – sollten schließlich 6 Erzählungen eingefügt werden, jeweils am Schluß eines Hauptkapitels, um eine zweite, distanziertere Erzählebene zu gewinnen. »... die bibl. Geschichten werden kaum kommen, streue ja Geschichten ins BW ein (schreibe gerade an einer: Das Ohr des Dionysios) ...« (Brief vom 15. Juni 1983) Die Erzählung lag im Juli, vor Fühmanns schwerer Erkrankung, in einer zweiten Fassung vor. Als er, nach der Entlassung aus der Charité, im November unter schwierigsten Bedingungen die Arbeit am »Bergwerk«-Manuskript wieder aufnehmen wollte – die gültigen 135 Seiten stellen etwa ein Siebtel des Gesamtplans dar –, erkannte er bald, daß diese Titanenarbeit derzeit seine Möglichkeiten überschritt: Als »Bericht eines Scheiterns« wurden sie beiseite gelegt; aus der Stoffmasse gedachte er einige »Gegenwartsgeschichten« zu formen, die nun – neben weiteren Erzählungen nach Stoffen der griechischen Mythologie und den beiden Bibel-Geschichten – in einen neu konzipierten Erzählungsband eingehen sollten: »... drei [Geschichten] sind ja da, drei, vier müßte ich noch schreiben, eine will ich jetzt unbedingt machen, die ›Tröstung der Demeter‹, die Baubo-Geschichte, da freu ich mich einfach drauf.« (Brief vom 4. Dezember 1983)

Nach der schwierigen Rückgratoperation im Dezember, die sein Arbeitsvermögen weiter reduzierte, konnte er erst im Februar 1984 mit der Niederschrift der »Baubo« beginnen. So ist in dieser abgründigen Geschichte einer Tröstung angesichts des klaffenden, das Liebste verschlingenden Hadesschlundes, aus dem die Purpurblume des Todes wächst, und von der Wiedergeburt der Lebensfreude in Gestalt des göttlichen Kindes Iakchos (gleich Bakchos/Dionysos) aus dem verdorrten Schoß der alten Amme, in der Dialektik von Eros und Thanatos (dieses Sigmund Freud verpflichtete Denkmuster sollte im »Bergwerk« ein handlungstragendes Motiv werden) die Bedrohung durch die Krankheit zum Tode ebenso aufgehoben wie Hoffnung und Lebenswille. Hier wie in einer »Alkestis«-Bühnenversion und im Hörspiel »Die Schatten«, die ebenfalls in Fühmanns letztem Jahr vollendet wurden, ist unbewußtes, abgewehrtes Wissen um die Nähe des Todes Literatur geworden, einsamste Erfahrung, die zu teilen selbst ihm nahestehenden Menschen nicht möglich war und die bis zum Ende sonst unausgesprochen blieb: »Sie wußte es freilich erst ganz tief innen; im Bewußtsein war noch nicht einmal ein Ahnen...« (»Baubo«, S. 61)

Im März 1984 folgte die »Nephele«, die er im Mai bei einer Lesung noch öffentlich vorstellen konnte: »... dem Publikum gefiel sie, den Germanisten gar nicht – c'est la vie, was kann man da machen«. (Brief vom 18. Mai 1984)

Seit Anfang April arbeitete Fühmann an der Fragment gebliebenen Erzählung »Die Glöckchen«, die er in einem Brief vom 3. Juni 1984 als mißlungen verwarf: »Dies Bergwerk ist verhext. – Es wirkt ins Geschichtenbuch hinein. – Ich hab die erste Geschichte/Gegenwart, die ›Die Glöckchen‹ heißt (ein Stoff aus dem BW) fast fertig gehabt, als ich nach Frkft. [Frankfurt a./M.] gefahren bin; habs extra eine Zeit noch liegen lassen und mir gestern in Ruhe angeschaut, und war erschlagen – das Ding ist mißlungen, wie weiland das BW. Ich weiß nicht, was da los ist. Liegt da ein Fluch drauf? [–] … fällt dieser ganze Komplex prinzipiell aus der Literatur? Ich weiß es nicht. Ich wollte eine Geschichte eben nicht im Stil ›3 Nackte‹ schreiben – aber soweit die Geschichte ganz exakt im Detail, im nat.[uralistischen] Detail sich bewegt, ist sie lesbar, und darüber hinaus – unsäglich. Ich laß sie noch liegen, komm jetzt eh zu nichts mehr außer zu Kleinigkeiten.«

Im Nachlaß fand sich neben dem Arbeitstyposkript der Erzählung ein Heft mit Notizen zur Konzeption (datiert 8./9. April 1984). Aus der nur schwer lesbaren ersten Ideenskizze geht hervor, woher Fühmanns Unbehagen rührte: Er wollte hier – im Unterschied zu den satirischen Zügen der »Drei nackten Männer« – eine Überhöhung ins Phantastische, eine Mythisierung des Alltagsgeschehens erreichen, die ihm nicht gelang. In dieser Arbeitsphase war er unter dem selbstgesetzten Maß geblieben: die zahlreichen literarischen Bezüge und eingeführten Motive (E. T. A. Hoffmanns Erzählung »Die Bergwerke zu Falun«, »Prinzessin Fisch« nach Goethe, das Vineta- oder Glöckchen-Motiv, das Schmuck-Motiv sowie das Motiv der »Verschlossenheit« – das letzte Wort sollte »Verschlossenheit« sein) fügen sich nicht zusammen, der Schlußstein der Erzählung, ein Traum, fehlt.

Als Beleg für die angestrebte Dimension des Erzählens sei hier ein Zitat – der Schluß der Ideenskizze – mitgeteilt, in dem das Geheimnis des Glöckchen- und Schmuck-Motivs aufgelöst wird. Danach erhält der Ich-Erzähler »am Tag der Abfahrt ein Päckchen, daraus beim Aufpacken ein leises Geläut erklingt«. Der Inhalt ist ein »zweiteiliger … Metallbügel, … mit einem rautenförmigen Ausschnitt in der Unterseite des Vorderteils«: »Ein Keuschheitsgürtel, das Schloß aufgebrochen, und unter der Raute ein silbernes Glöckchen«.

Es fanden sich ferner zwei Fortsetzungsseiten (Maschinenschrift, handschriftlich überarbeitet) mit folgendem Text:

Blatt 1

te, mit einer schwarzen Edelholzrahmung, das müsse der Goldschmied leisten können, und Sven lachte unbändig:

»Prinzessin Fisch!« Er tippte ihren Leib an: »Prinzessin Fisch!« und begann das Wort sogleich weiterzutreiben, zum »König Fisch« und zur »Königin Fisch« und zum »Königssohn Fisch« und zur Hochzeit der beiden, im Meerespalast, mit Seerosensträußen, und ich sagte, daß zur Hochzeit Glocken erschallten, unter den Wassern, Vinetas Glocken, und G. goß uns ein neues Bier ein, und ich sagte, daß ich manchmal die Glocken höre, wenn ich in M. spazierengehe, ganz feine, dünne, silberschalige Glöckchen, wie die Schuppen der Prinzessin Fisch zur Hochzeit, bevor der Schlamm sie eingeschlossen, und Cynthia kam aus der Küche gesprungen und befahl Sven mit wichtiger Miene, seine Autos vom Tisch zu räumen, die Mutti trage gleich Abendbrot auf. – G. deckte sein Geschenk wieder zu;

Blatt 2

Ich wiederholte, daß ich in M. die Glocken der Hochzeit hörte, als sich Prinzessin Fisch vermählte, ganz feine, dünne, silberne Glöckchen, und da ich spürte, daß sich in der Stube mit einmal etwas verändert hatte, trat die Hausfrau mit dem Abendbrot ein, und Sven rief ihr zu: Prinzessin Fisch! Ich hörte, wie G. das Schnapsglas aufsetzte, ich hörte, wie er sich abermals eingoß, und Sven, plappernd, riß das Tuch vom Fossil fort und zeigte: »Da schau [?], Prinzessin Fisch, und die Glocken läuten alle zur Hochzeit!«, und da stellte sie die bunte Schüssel auf den Tisch ab und stürzte hinaus, und ich hörte sie weinen. Ich stand, mich zu verabschieden, auf; G. packte mich an der Hand und zwang [?] mich auf den Sessel, dann schenkte er nach. Ich sagte, daß ich nichts mehr trinken wolle und daß ich merke, wie ich störe, und G. machte eine abwehrende Geste und sagte, Frauen seien eben manchmal so komisch, das habe weiter nichts zu bedeuten und dürfe den schönen Abend nicht stören, und da kam sie schon in die Stube zurück, mit ein bißchen Puder um die Augen, ergebenes Lärvchen, sein schmuckes Frauchen, und da, und ich weiß nicht, wie es kam, wahrscheinlich provozierte es ihre Ergebung, sagte ich, und nahm den scherzenden Ton auf, den G. vorm Laden des Goldschmieds bevorzugt —: Ich sei mir sicher, sagte ich, daß sein schmuckes Frauchen ein Hochzeitsglöckchen als Schmuckstück trage, ob sie es mir nicht einmal zeigen wolle —

und da flog ich schon gegen die Tür, und ehe ich selbst ausholen konnte, warf mich ein Schlag in den Magen nieder, und dann spürte ich noch einen dritten Schlag, und dann verlor ich das Bewußtsein.

Es mußte wohl schon im Krankenhaus sein, denn der Traum ging ja dort in die Wirklichkeit über —: Im Krankenhaus also hatte ich einen Traum: Ich sah G. und sein Frauchen ins Schlafzimmer treten, eine Art Wolke, rosig

Wir entschlossen uns, trotz der Vorbehalte Fühmanns, zur Aufnahme des Fragments in diese Ausgabe, da es der einzige Beleg für die nicht ausgeführten »Gegenwartsgeschichten« ist und somit für die Erläuterung der Gesamtstruktur des geplanten Bandes unverzichtbar wurde, zumal die Erzählung in der Intensität ihrer »naturalistischen Details« — als Erlebnis der fremden Arbeitswelt unter Tage — durchaus als literarisches Zeugnis bestehen kann und auf Erzählweise und Realitätsgehalt des »Bergwerks« hinweist.

Zur Struktur des Bandes — 4 Erzählungen nach biblischen, 4 Erzählungen nach griechisch-mythologischen Stoffen, 5 »Gegenwartsgeschichten« — gibt es mehrere, nicht datierte Inhaltsübersichten, mit verschiedener Anordnung der Texte. Die folgende Übersicht — nach April 1984 entstanden — kann als letzte gelten:

1. Nephele	[griech.-mythol., abgeschlossen]
2. Baubo	[griech.-mythol., abgeschlossen]
3. Rahab	[Bibel]
4. Tamar & Amnon	[Bibel, abgeschlossen]

5.	Jonathan & David	[Bibel]
6.	Glöckchen	[Gegenwart, Fragment]
7.	Kupferkönigin	[Gegenwart]
8.	Zweikampf allein	[Gegenwart]
9.	Der letzte Krieger des Odysseus	[griech.-mythol.]
10.	Katherina	[Gegenwart]
11.	schwul	[Gegenwart]
12.	Ohr des Dionysios	[griech.-mythol., abgeschlossen]
13.	Prophet	[Bibel, abgeschlossen]

Nach Notizen auf einem anderen Blatt sollten in den »Gegenwartsgeschichten« – »Die Kupferkönigin«, als siebte Erzählung im Zentrum stehend, ausgenommen – Motive und Figurenkonstellationen aus anderen Geschichten wiederkehren. Solcherart sollten miteinander korrespondieren:

»Nephele« – »Die Glöckchen«
»Baubo« – »Katharina« (= Kore)
»Das Ohr des Dionysios« – »Zweikampf allein«
»Jonathan und David« – »schwul«

Da die Lücken in dieser geplanten Struktur zu groß waren, entschieden wir uns für eine chronologische Anordnung der Texte.

Um alle von der Bibel angeregten Arbeiten Fühmanns zu versammeln, nahmen wir als Ergänzung die frühe Erzählung »Erzvater und Satan« und den Essay »Meine Bibel; Erfahrungen« auf, der seiner Provenienz nach zu Fühmanns letzten Erzählungen gehört, nicht nur zeitlich, sondern in der Einheit des Gedankens: Er ist der beste Kommentar, nicht nur zu den Bibel-Geschichten, sondern insgesamt, in der Abgrenzung von Bibel und griechischem Mythos wie in den Gedanken zum »Abgrund Mensch« als dem »Widerspruch von Gut und Böse«: »So war denn das Welttheater auch innen: Stürme über der Wüste und Stürme im Herzen, Wölfe brachen in Pferche und brachen ins Fühlen, und Fleisch und Geist waren widereinander und doch geeint in dem Wesen gesetzt, das als Beides an Beidem litt wie aus Beiden die Lust seiner Seligkeit zog: Ebenbild Gottes, aus Kot geschaffen und Gott gleich im Erkennen von Gut und Böse —: das also hieß Mensch-Sein...« — Zum andern verweist dieser Text auch auf die beiden nicht mehr geschriebenen Bibel-Geschichten: von der Hure Rahab und den Kundschaftern, und von dem Paar Jonathan und David.

Die Schreibung der biblischen Eigennamen folgt dem Manuskript, auch der Wortlaut der Zitate wurde nicht zugunsten einer Einheitlichkeit verändert, da Fühmann neben der meist benutzten »Jerusalemer Bibel« (»Die Bibel. Deutsche Ausgabe mit den Erläuterungen der Jerusalemer Bibel«) auch andere Übertragungen und Kommentare als Quelle verwendete.

Alle Texte wurden lediglich in Orthographie und Interpunktion behutsam korrigiert, in der bisher in der Zusammenarbeit mit Fühmann üblichen Weise: unter Respektierung seiner Eigenheiten.

I. P.